普通高等学校应用型教材　新闻传播学

U0795006

广告策划实训教程

数字教材版

主　编　宋　瑾
副主编　黄　蜜　陈若溪

中国人民大学出版社
· 北京 ·

目 录 CONTENTS

项目一

广告策划概述

教学要求

通过课堂知识点讲授与案例展示，理解策划在广告活动中的地位与作用；通过走访广告公司，深入体验广告策划的内涵，掌握基本的广告策划流程，明确策划人员需要的能力与素质。

教学方法

以直接感知为主的演示法；参观法；以语言传递信息为主的谈话法

开篇案例

多芬——美丽之门

作为世界著名的清洁品牌，多芬（Dove）在全球80多个国家开展销售，年销售额非常可观。多芬以其“简约而真实的美丽理念”带给消费者真实可信的承诺，并始终如一兑现这个承诺。从2005年开始，多芬发起了“真美运动”，基于详尽的消费者调查，多芬发现只有2%的女性认为自己美丽，于是提出了自己的看法，“自然是美，内心是美，学会欣赏自己的美丽”。从这个极具话题性的主题出发多芬设计了一套策略，整合线上线下资源，灵活运用多种创意媒体、概念进行推广，取得了非常好的效果。2005年，多芬的销售额为5.35亿美元，与前一年相比同比增长125%；2006年多芬的销售额增长了10.1%，增至5.89亿美元。自2005年以来，“真美运动”已经连续开展了11年。

2015年4月7日，多芬在70个国家推出了名为“Choose Beautiful”的推广活动，为不同国家的女性在城市的地标性购物中心入口处设置了两个门，门上用英文、法文、中文等语种分别写着“美丽”和“普通”，女性要走进购物中心就要在“美丽”和“普通”之门进行选择（见图1-1）。大部分女性在刚开始时都选择了“普通”之门，甚至有人因为害怕选择放弃进入购物中心。这和多芬的一项研究结果不谋而合——全球女性中有96%不会选择用“美丽”描述自己。但随着时间的流逝，参与者开始反思，为什么要自己给自己贴上“普通”的标签？一位每天都走“普通”之门的女孩在特殊的一天走了“美丽”之门。英国有位女孩在想要走进“普通”之门前被妈妈制止，妈妈把女儿拉进了“美丽”之门。越来越多的女性或与朋友互相鼓励，或为奖励自己，开始尝试走进“美丽”之门。整个策划的思路是，女性在生活中会面对各种各样的选择，这与她们如何看待和如何定义自己有关。策划的目的在于让女性在活动过程中发现自己的美，重建自信。导演保罗·德克托说，“我们的整个活动过程是真人真事，她们是有感而发。对我来说最有意义的是，亲眼见证她们对自己产生新的认识”。

图 1-1　多芬“Choose Beautiful”推广活动

事实上，多芬在帮助女性、青少年等相对弱势人群的道路上从未停步。近年来，多芬发起的自尊项目鼓励青少年挖掘自己的潜能，学会欣赏自己，更重要的是这一项目给家长、老师、社会工作者等相关群体提供了可行的指南，以更高效地帮助青少年解决问题，以培养未来的青年领袖人才（见图 1-2）。作为一家日化企业，多芬有这样的格局和视野确实值得钦佩。

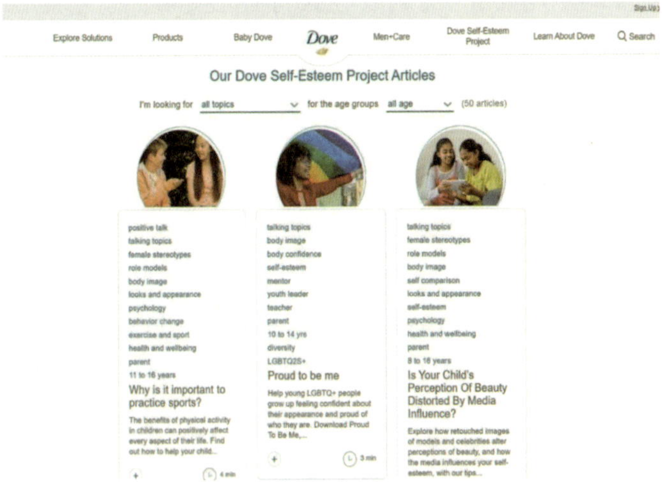

图 1-2　多芬官网的自尊项目截图①

① 多芬项目官网链接：https://www.dove.com/us/en/dove-self-esteem-project.html。

思考与讨论

（1）广告策划除了会影响商品销售，还能发挥什么作用？

（2）文化差异在同一广告策划中是否会有影响？

（3）广告策划的持续时间对最终效果有何影响？

（4）如何理解基于性别的刻板印象？

（5）在线上媒体极度兴盛的时代，如何挖掘线下媒体的影响力？

（6）如何在广告策划中有意识地凸显品牌的存在感？

（7）在两个品牌（如多芬、德芙）的 logo 类似的时候，怎样做有助于在广告策划中避免消费者误读？

任务一 课堂讲授与训练

知识点 1.1：广告策划的定义

广告策划是指根据广告主的营销计划和广告目标，在市场调查的基础上，按特定程序制定出一个与市场情况、产品状态、消费群体相适应的经济有效的广告方案，并加以评估、实施和检验，力求实现广告进程合理化和广告效果的最大化，从而为广告主的整体经营提供良好服务的活动。

★ 补充知识点 1.1.1：广告策划内容构成

（1）市场现状分析，包括产品分析、用户分析和竞争品牌分析等。

（2）SWOT 分析，包括产品拥有的优势（strength）、产品存在的不足（weakness）、产品面临的机遇（opportunity）、产品面临的威胁（threat）四个部分。

（3）营销策略，包括创意与表现策略。

（4）创意执行，包括媒体渠道与媒体策略。

（5）策划效果评价，包括创意表现效果、品牌沟通效果与广告销售效果。

★ 补充知识点 1.1.2：广告策划的分类

关于广告策划的分类，如表 1-1 所示。

表 1-1　广告策划分类表

	促销广告策划	形象广告策划	观念广告策划	危机广告策划
目的	直接促销	树立形象，增强信任	传达观念，说服受众	直接解决紧迫问题

续表

	促销广告策划	形象广告策划	观念广告策划	危机广告策划
追求的效果	直接取得最大促销效果	逐渐使企业或产品为受众所知	逐渐使受众接受观念	顺利解决问题
时间长度	时间短	时间较长	时间较长	时间短
见效速度	见效快	见效慢	见效慢	见效快
费用	集中投入费用多	持续投入稳定费用	持续投入稳定费用	集中投入费用多
目标设定	可量化目标	目标难以量化，需要定性认识	目标难以量化，需要定性认识	可设定定量或定性目标
对广告主的了解程度	了解广告主的直接目的和基本情况	深入了解广告主的经营理念	深入了解产品所代表的消费观念	了解广告主所面临的问题和基本情况

案例与练习

梅赛德斯－奔驰的妇女节广告

2019 年 3 月 8 日妇女节这天，梅赛德斯 - 奔驰向全球发布了一则短片，讲述了奔驰创始人卡尔·本茨（Karl Benz）的妻子贝莎·本茨（Bertha Benz）的一段改变世界的旅程。1888 年，贝莎·本茨驾驶丈夫研发的“汽车”开始了第一次长途旅行。这一举动引来了众人侧目，一些在田地里耕作的妇女甚至跪倒在地开始祈祷上帝保佑。途中车没油了，她便去镇上向药剂师买轻石油，却遭到路人的嘲笑。她用帽针清理了堵塞的燃油管，并用她的吊袜带作为绝缘材料为车加油，在众人惊诧的目光中重新上路。贝莎·本茨花了 12 个小时完成了全程 106 千米的旅程，到达了她父母位于普福尔茨海姆的家。这则短片并没有强行输出女性主义价值观，只是用片尾字幕展示了两行字：“她不仅仅相信汽车，她更相信自己。”（She believed in more than a car. She believed in herself.）（见图 1-3）

图 1-3　梅赛德斯－奔驰的妇女节宣传片《改变一切的旅程》

请结合此策划案例和前期学习的广告策划基础知识在下表中完成内容填充。

方案要点	思路解析	备注
营销计划		
广告目标		
市场竞品		
产品卖点		
消费群体		
媒体选择		
效果预估		

知识点 1.2：DAGMAR 法

DAGMAR 法（defining advertising goals for measured advertising results），即为衡量广告效果确定广告目标。这一方法由拉赛尔·科利于 1961 年提出，他认为广告策划的目标分为四步，即认知、理解、深信和行动。科利坚信根据具体和可测量的传播任务来设定广告目标有助于准确地找到目标受众。此方法的优点如下：

（1）使广告目标更明确，减少浪费，排除不必要信息。

（2）为广告制作指明方向，有助于策划酝酿和广告创作。

（3）使广告活动的目标得以量化，便于测定效果。

但由于消费者心理并不按顺序展开，有迂回和反复的可能，因此任何方法都仅能提供参考方向，需要在实际执行中按需调整。

案例与练习

网易严选的“真人广告”

在流量横行的时代，请流量明星代言产品可能会带来巨大的经济效益，但随着近年来出现负面新闻的流量明星越来越多，“粉丝经济”也存在着巨大的隐患。相较于请流量明星代言，网易严选直击社会热点，打出了“真人广告”——“我们不用流量明星拍广告，用户就是我们的活广告”。新颖的广告词，迅速抓住了大众的眼球。

网易严选采用户外广告的形式，打造了可坐人的广告牌；在广告投放方面，选择了随处可见的公交站台，利用遍布城区的城市公交网络，将目标客户一网打尽

（见图 1-4）。相较于其他形式的广告投放，公交站台的广告投放大大降低了成本，但能产生不错的宣传效果。

图 1-4　网易严选的户外广告

结合案例，对其广告策划的各部分进行简单点评，请在下面的方框中写下你对此广告策划的评价。

知识点 1.3：广告策划的特征

广告策划具有目的性、超前性、程序性、创造性、整体性、现实可行性及调适性等特征。

★ 补充知识点：广告策划的原则

- 合法性原则
- 真实性原则
- 目的性原则
- 整体性原则
- 效益性原则
- 艺术性原则
- 可操作性原则

案例与练习

众筹织毛衣

2013 年圣诞节，百威集团决定在圣诞节为一些司机送去温暖毛衣。活动的创意是发明一个由推特（Twitter）信息驱动的织毛衣的机器。它基于一台自动织衣机，但是在动力部分进行了改造，将开始编织的指令与推特账号的数据进行关联。参与者在推特上发送带有关键话题"#Jumper4Des"的信息后，相关数据就会进入百威的数据库。数据库随之发送相应指令到机器上。只要这台机器收到一条特定的指令，机器就织一针毛衣，参与者越多，毛衣就能越快编织完成。百威还专门开设现场直播织毛衣的节目，在社交平台上直播，整个直播过程引起了网友的热议。作为啤酒公司，百威此次的活动与其产品的相关度看似不高，但由于参与门槛低，成功地激起了消费者的好奇心，在社交网络中产生了巨大的话题效应。

请根据广告策划的原则在下表中分析上述创意案例。

原则	活动分析	可优化处
合法性		
真实性		
目的性		
整体性		
效益性		
艺术性		
可操作性		

请结合广告策划的原则对众筹织毛衣案例进行简单的评价。

知识点 1.4：广告策划的目的

针对产品在不同销售阶段的特征来解决相应问题：完成销售任务；扩大销售；实现品牌价值的提升。

★ 补充知识点：产品生命周期图

产品生命周期曲线与广告策划的目标设定密切相关。当产品处于导入期时，提升品牌知晓度尤其重要；而当产品进入成长期时，增加销量、占领市场是重点；当产品进入成熟期时，稳中求变，吸引用户持续使用成为品牌的主要关注点；而当产品进行衰退期，尽力挖掘品牌剩余价值，降低推广成本，以旧带新推出新品成为多数企业的选择（见图 1-5）。

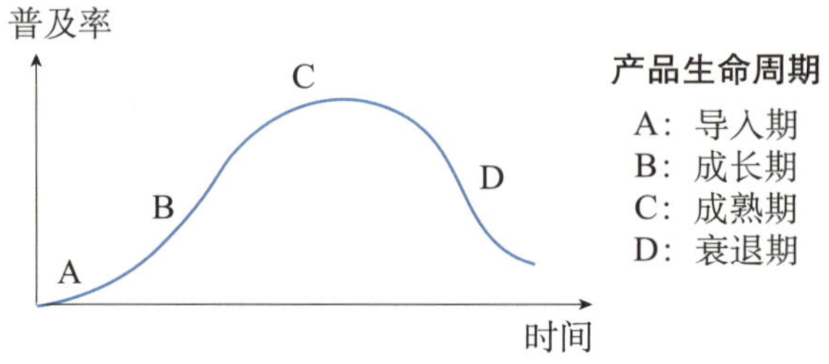

图 1-5　产品生命周期曲线图

案例与练习

星巴克的早餐计划

星巴克为了提供早餐服务，开发了自己的专属应用“啡快”（见图 1-6）。每天 10 点半之前，顾客在 App 上下单可享受早餐优惠，并且可以自选取餐店面，以保证工作早餐两不误。作为星巴克会员的专属服务，顾客需要在手机上下载星巴克官方 App，再免费加入星享俱乐部成为星巴克会员，之后就可以在 App 首页上找到“啡快”服务了。目前，基于支付宝与微信的小程序也已上线，满足了顾客随时点单的需求。

图 1-6　星巴克早餐计划的广告宣传图

充满创意的取单环节是“啡快”体验中最有吸引力的部分。在线点单完成后，顾客获得的不是简单的数字编码，而是一个专属的取单口令，出示或者报出口令，出品台的服务员便会为顾客取货。

“今日锦鲤”“文艺青年”“都挺好”等随机生成的口令带来的小确幸，不仅会瞬间点亮顾客的心情，而且会使门店与顾客建立起情感连接。星巴克推出的“啡快”服务，不仅能为顾客带来更便捷的消费体验、满足更多元化的消费场景需求，而且通过减少门店排队客流，缩短到店等待时间等，优化星巴克在店顾客的“第三空间”体验，从而更好地满足不同顾客与星粉的个性化需求，并有可能打造数字领域“第四空间”。

结合案例和补充知识点分析星巴克在品牌进入特定生命周期后的策划思路，并思考是否有可优化之处。

评价：   优化：

知识点 1.5：广告策划基本流程图

在开展广告策划活动时，应遵循基本的流程（见图 1-7）。

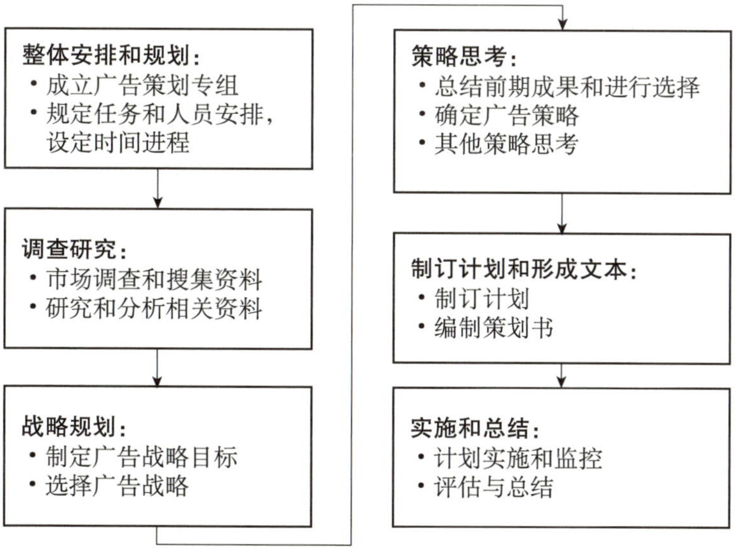

图 1-7 广告策划基本流程图

★ 补充知识点 1.5.1：广告策划基本步骤表

关于广告策划基本步骤，如表 1-2 所示。

表 1-2　广告策划基本步骤表

阶段	步骤	具体内容
组织准备	1	组建广告策划小组
	2	策划小组制定工作时间表
	3	经协商向各部门具体工作人员下达任务
市场调研	4	对产品进行分析，明确产品定位
	5	对同类产品进行分析，明确竞争对象
	6	对市场进行分析，明确市场目标
	7	对市场发展机会进行分析，明确潜在市场在何处
	8	对消费者进行分析，明确广告对象
	9	对企业指标进行分析，明确销售策略
	10	撰写市场调查分析报告
战略规划	11	明确广告目标和广告指标
	12	明确广告目的和广告重点
	13	确定广告战略
	14	制定最佳综合推销方案
	15	明确广告的创意观念和创意要点
	16	确定广告表现战略
	17	确定广告内容
	18	确定广告文案方案
	19	确定广告预算
	20	确定广告地区
	21	确定广告媒体策略
	22	确定广告时间
	23	确定广告单位数量
制订计划	24	制定实现广告计划的不同方案
	25	对不同广告计划方案进行评估
	26	确定最佳广告计划方案
	27	广泛征求意见，取得广告负责人认可
	28	撰写广告策划书
	29	召开客户参加的广告策划提案会
	30	根据客户的反馈修订策划书
	31	向客户提交广告策划书并由其审核

续表

阶段	步骤	具体内容
实施评估	32	落实广告媒体
	33	制作广告作品
	34	检查广告作品的质量，进行评议或修改
	35	将完成的广告作品送媒体刊登或播放
	36	搜集广告信息反馈
	37	及时对实施中出现的问题进行修正和解决
	38	评定广告效果
	39	总结经验教训
	40	再次进行市场调查
	41	修订新的广告计划

★ 补充知识点 1.5.2：广告策划的思维

- 以消费者为中心
- 整合营销思维
- 品牌思维
- 商业思维
- 创新思维
- 战略思维

案例与练习

快手扶贫“福苗计划”

2019 年春季，快手扶贫“福苗计划”将专场活动的主题定为“快！乡间好货到手！”。该活动拍摄了一组“农产品＋人物”的创意广告，以极具传播度的趣味文案和富有冲击力的画面吸睛无数（见图 1-8）。用“帅并非我的资本，脑力才是”带货云南楚雄薄皮核桃，用“我早该 C 味出道”带货四川南充橘子，用“我肥，但肥而不腻”带货三川火腿……将优质山货拟人化，赋予了扶贫产品新的形象。

图 1-8 快手扶贫“福苗计划”创意广告

请思考快手扶贫“福苗计划”中应用了哪种广告策划思维？请写在下面。

结合补充知识点，找到相应的广告策划实例并填入下表。

策划思维	典型策划案例
以消费者为中心	
整合营销思维	
品牌思维	
商业思维	
创新思维	
战略思维	

任务二

校外实训

实训任务：参观公司，了解广告策划作业的形态；了解广告策划小组的分工与合作。

实训公司规模要求

因现有广告公司的工作流程基本以小组作业为主，每个小组需包括客户经理、策略和创意人员，可视客户规模补充市场调查人员及媒体公关人员。根据此标准，实训公司最好选择有固定的办公地址，注册资本 100 万元以上，从业人员 30 人以上，业务体系较为完备的综合服务型广告公司。

背景知识

中国广告公司的分类现状

目前，中国广告公司一般分为五类，分别是：

（1）综合服务型。

综合服务型广告公司一般是在总经理或总裁之下设置客户服务、广告策略、创意开发、媒体策划等多个部门，同时在各部门设立总监，涵盖广告运营的基本业务板块。

（2）有限服务型。

有限服务型广告公司又常常被称作部分服务型广告公司或广告工作室，提供单项或多项广告服务，如市场调查、媒体购买、公共关系等，这主要是由于此类广告公司不具有全方位地开展代理工作的能力。

（3）广告代理商。

广告代理商，又叫广告经纪人或中间商。其主要业务是在广告客户、广告公司和广告媒体之间起到桥梁作用，以打包分销媒体资源作为主要业务。

（4）广告制作社（所）。

广告制作社（所）是一种特殊的广告公司形式，主要提供各类广告制品，具体包括：美术、装潢、摄影、印刷、灯箱、路牌、霓虹灯、特制品等。因人力和水平所限，无法提供全面的广告服务。

（5）内部广告机构。

一些企业为了节省经费、在广告活动中掌握更多的主动权，往往会在企业内部自办广告部门。广告部门根据需要直接向媒体购买时间、版面并得到佣金，同时还可以为企业提供各类其他服务。

实训任务流程

（1）到达公司，传达学习任务（10 分钟）。
（2）跟随业界导师参观公司，自行采访公司人员（30 分钟）。
（3）观察练习：熟悉公司布局与不同的工种和职务（20 分钟）。
（4）提问环节：与业界导师和从业人员讨论（30 分钟）。

实训要求

（1）积极参与，不得无故缺席。
（2）做好课前预习，独立思考，准备好自己的问题。
（3）做好笔记，积极互动，勇于提问。
（4）提交校外实训小结。

实训操作流程

（1）组队。为保证后续研修课程的顺利开展，学生需在第一次实训前自由组队，以后的实训都以小组形式开展。一个好的团队需要有较强的互补性，学生需要走出舒适区，学会与自己风格不同的人合作，每个团队的成员应控制在 4 ～ 6 人。因本课程一般开设在大三学年，学生之间已经较为熟悉，可省略自我介绍部分，由学生在课后自由组建自己的团队，完成组队后将相关资料填入下表。在分工之前，各小组应集中讨论以下问题：

- 根据广告策划的流程与步骤，你认为策划中最困难的部分是什么？
- 结合相关知识，你认为组建策划小组的最优结构是什么？
- 如果你是小组负责人，请思考如何才能保证各部分工作如期完成？

在集体讨论后明确各成员在小组中的角色并以表格的方式确定下来。

团队名称	
团队领导	
视觉主创	
创意高手	
媒体达人	
策略大咖	
预算天才	
团队活动地点	
团队定期聚会时间	
团队活动主题	
备注	

（2）参观准备。在去公司前完成表格，提出自己的问题，对于不确定的地方可在与专业人士讨论后填写。

问题	记录	备注
策划工作内容		
策划技能需求		
策划协作方式		
策划需要的知识清单		
推荐的专业书目		
自选问题 1		
自选问题 2		
自选问题 3		

（3）观察、比较、记录。实训前可观看国内外关于广告行业的优秀影视剧，对广告公司要有一个大概的了解，并将其与现实生活中的广告公司进行比较。

比较项	影视剧中的广告公司	现实生活中的广告公司
前台的风格		
办公环境		
客户经理着装		
创意人员的风格		
创意发散的过程		
人员业务熟练度		
公司氛围		
员工互动情况		

（4）采访从业人员，并完成下表。

目前服务的品牌	
该品牌的广告策划重点	
该品牌的广告策划内容	
该品牌的工作风格	
与该品牌沟通的主要方式	
策划所需软件	
与客户沟通的主要方式	

（5）访问后填写实训小结，重点写下自己的困惑与需要解惑的部分，力争在下次课前解决，可通过与老师、业界导师、小组讨论等方式实现。

任务三 课后练习

网络辅助学习

（1）熟悉思维导图软件。

推荐使用思维导图软件 Xmind，下载并尽量熟悉该软件。

在下列主题中任意选择一个，使用思维导图软件清晰地解析此主题，将结果贴在下面的空格中。

- 个人简历
- 幸福
- 健身计划

（2）关注三种以上新技术或平台，思考它们在未来可能以怎样的方式融入你的广告策划活动中。

新技术（平台）	应用思路

（3）消费者在购买产品时更在意的是在消费过程中所获得的满足感和仪式感，请搜集信息，写下下表中的物品被需要的理由。

LOTUS 饼干	咖啡的最佳伴侣，和牛奶、糖一样不可或缺。
江小白	
Luckin Coffee	
蜜雪冰城	

拓展阅读与练习

1. 广告策划的常见思路

（1）九宫格思考法：在一张白纸上画一个正方形，用笔将其分割为九宫格，将主题或产品名称写在正中间的格子里；将与主题相关的优点写在旁边八个格子里。写的时候以直觉思考优先；通过反复思考、自我论证，查看这些卖点有无必要，是否重合，修改到满意为止。

以华为手机为例，根据相关信息填写九宫格——根据信息的重要程度选取八大卖点。

（2）六顶帽思考法：在思考不同问题时，想象自己戴上了不同颜色的帽子，不同的颜色代表不同的思维方式。白色代表事实数据；红色代表感觉、情绪；黑色代表质疑和询问；黄色代表乐观和肯定；蓝色代表控制和管理；绿色代表创新求变。通过从不同角度思考，找出最佳方案。

（3）头脑风暴法：围绕主题确定关键字，选择文案风格；通过加深对主题的理解，实现换位场景搭建并借助外部信息比对文案的可行性。

2. 结合材料思考练习

（1）Ted 头脑风暴清单（Ted 是美国联合航空公司的一条廉价航线）。

- Ted 给当地医院的病人送去鲜花。
- Ted 给一个建筑工地上的工人供应早餐。
- 早上去附近的星巴克，可以免费得到你最喜欢的饮料，全部由 Ted 买单。

- 三个赤裸上身的年轻男子在一场球赛直播中用身体拼出三个字母“T”“E”“D”。
- 购物中心免费给孩子们发放带有 Ted 标志的气球。
- 市区所有的公用电话纷纷响起，要找 Ted。
- 当地咖啡店的公告板上有手写的小纸条，上面写着：“你看到过 Ted 吗？”
- Ted 给 911 呼叫中心送去免费的比萨。

结合材料，思考日本 IP 熊本熊的推广策划与 Ted 有无相似之处，在课后进行调查，并将思考的结果写在下面的框中。

结合反酒驾主题，分别应用六顶帽思考法、头脑风暴法设计可行的广告策划思路。

六顶帽思考法	
头脑风暴法	

（2）无与伦比的奥利奥。

从“奇思妙想”到“玩在一起”，奥利奥进一步进行品牌升级。玩心是最强大的号召力，奥利奥找周杰伦代言，并以回忆和青春为线索，推出“无与伦比 玩味无限”系列广告活动，希望借此勾起一代人的美好回忆，从而把青春和“玩味无限”的奥利奥饼干关联到一起。为此，2020 年 5 月 18—31 日，在上海徐家汇地铁站，奥利奥上演了一场“无与伦比艺术展”。奥利奥邀请 5 位艺术家花了 25 天用 5 万块真实的小饼干拼出了一场“无与伦比”演唱会，还原了 20 年前周杰伦的经典专辑封面，完美复刻了一代人的青春记忆。周杰伦、演唱会、奶茶、唱片封面等流行符号通过线上多平台以及线下的“无与伦比艺术展”得到了传播。广撒网又不放过精准投放，奥利奥抓住了每一个“玩心大”的人。

结合上述案例，分析其策划运作思路。

小组练习

品牌名称、产品包装和商标设计是营销经理在引入一种新产品时需要考虑的三个关键要素，也是所有广告策划的最初起点。让我们试着从起点出发，为一款全新的太阳镜产品进行概念设计。首先，通过网络搜索找到三家主要的竞争对手，讨论如何通过品牌名称设计让新品在市场上获得一席之地。考虑使用怎样的包装设计？商标上应包括哪些关键要素？和你的小组成员一起完成这个挑战吧！

- 考虑跨行业跨品类的合作
- 考虑跨行业跨品类的竞争
- 考虑从竞争惯例中跳脱出来的方式
- 考虑相关的替代性产品
- 考虑地域覆盖的差异化
- 考虑独特的卖点

跨界合作	
跨界竞争	
打破竞争惯例	
替代产品	
差异化覆盖	
独特卖点	

相关知识链接

刘刚田，田园．广告策划与创意 [M]. 2 版．北京：北京大学出版社，2019.

骆芳，秦云霞．新媒体文案策划与写作：从入门到精通：微课版 [M]. 北京：人民邮电出版社，2019.

黄升民，段晶晶．广告策划 [M]. 3 版．北京：中国传媒大学出版社，2018.

童清艳．媒体创意经济 [M]. 上海：上海交通大学出版社，2016.

施州．移动狂人：世界知名品牌移动营销案例解密 [M]. 北京：中国建筑工业出版社，2015.

法伦，森．鲜榨橙汁：出奇制胜的广告创意 [M]. 宋亦平，高明明，译．北京：商务印书馆，2009.

余明阳，陈先红．广告策划创意学 [M]. 3 版．上海：复旦大学出版社，2007.

项目二

广告策划工具概述

教学要求

通过课堂知识点讲授与案例分析，掌握360度品牌管理工具、阳狮品牌信息管理系统、JWT循环策划法、电通蜂窝模型等策划工具，并通过案例试着对各个策划工具进行应用。通过走访广告公司，实地体验各策划工具的实际使用效果。

教学方法

讲授法；实践法；以语言传递信息为主的谈话法

开篇案例

《先生的湖》与《先生的湖之上山的墅》

奥美——知名广告公司，隶属于WPP集团，是世界上最大的传播集团之一。在过去的50年里，奥美与众多全球知名品牌并肩作战，创造了无数市场奇迹，它们包括：美国运通、西尔斯、福特、壳牌、芭比、旁氏、多芬、麦斯威尔、IBM、柯达、摩托罗拉、联想。

《先生的湖》（见图2-1）是为广州地产项目光耀城打造的，只不过第二期地产公司委任的广告公司是深圳黑弧奥美广告，而到第三期开盘时地产公司将广告公司换成了喔嚓广告。换广告公司很稀松平常，有意思之处在于：虽然地产公司在不同的时期与不同的广告公司合作，但获得的效果出奇地相似。除了销售业绩同样火爆外，两家广告公司做出的广告在当年中国广告长城奖上也都榜上有名。在作品的内容和风格上，喔嚓广告作为三期项目的推广代理商继续深挖市场需求和受众心理，出街的广告堪称黑弧奥美的续篇，使两个时期的广告有了生动的故事连续性，风格也十分匹配。两个时期的广告互相呼应，不知情的人还以为这些广告都出自同一家公司。

前一年黑弧奥美的先生不停地摆姿态以强调地产的大自然情调，第二年喔嚓广告拿先生自己“开刀”，抛给受众一个与众不同的先生形象，与受众建立情感联系。随着别墅户型的扩大，从容笔挺的先生变成了滑稽不堪的发福样子。房子发福了，先生也发福了。透过广告，受众明白过来，优雅的先生也是个凡人，拥有父亲、儿

图 2-1 地产经典广告《先生的湖》

子、老狐狸、大叔、怪物、长辈、孩子等多种社会角色，形象随之丰满起来，于是便有了庸俗不雅的发福外形。尽管形象的大转弯会让人略感不解，但每一句文案都在刺激目标人群，每一句话都说到了生活中的先生们的心里。直接的形象刺激更加有效，先生们怎会不心动？

思考与讨论

（1）广告策划中品牌调性的延续是否必要？

（2）广告策划工具与广告主题表达之间有何关系？

（3）不同的广告公司能否使用同样的广告策划工具？

任务一 课堂讲授与训练

知识点 2.1：奥美 360 度品牌管家

奥美在 20 世纪 90 年代初提出的“品牌管家”概念实际上是一套完整的企业规划，用以确保所有与品牌相关的活动都能够反映品牌本身独有的核心价值及精神，意味着品牌理解了消费者对产品的感受，并将之转化为消费者与品牌之间的关系。到 20 世纪 90 年代中叶，随着整合营销传播观念的盛行，奥美又提出“360 度品牌管理”（见图 2-2）。360 度品牌管理强调在“品牌与消费者的每一个接触点”上实行传播管理。奥美的品牌管理之道是一个完整的作业过程，它确保所有的活动都能反映并忠于品牌，并积极地去管理产品与消费者的关系。

360 度品牌管理就是对品牌及其产业的知识积累和对不同的人、不同的产业的整合能力。例如研究消费者与产品的关系就应该包括：消费者如何接近品牌；消费者的使用经验；消费者的情绪和感受；消费者的想法和态度；消费者的需要和欲

图 2-2　360 度品牌管理罗盘

注：ICONS 指图标，如运动品牌耐克的经典 logo“对勾”和口号“JUST DO IT”，传达了品牌鼓励人们挑战自己、追求卓越的理念；FAQS 是“常见问题”（frequently asked questions）的首字母缩写。

望；等等。奥美 360 度品牌管理流程可以简单划分为以下六个步骤：信息搜集、品牌检验、品牌探测、品牌写真、信息应用、品牌检核。

★ 补充知识点 2.1.1：4A 广告公司

美国广告协会的英文全称为 The American Association of Advertising Agencies，因名称里有四个单词以字母 A 开头，故简称为 4A。后来世界各地都以其为标准，取其从事广告业、符合资格、有组织的核心规则，再把“美国”改为各自国家或地区，于是形成了地区性的 4A 广告公司。

★ 补充知识点 2.1.2：奥美

奥美集团由大卫·奥格威于 1948 年创立，为众多世界品牌提供全方位的传播服务。其业务涉及广告、媒体投资管理、一对一传播、顾客关系管理、数码传播、公共关系与公共事务、品牌形象与标识、医药营销与专业传播等。目前，奥美在全球 93 个国家拥有 131 个分支机构。奥美在中国的官网为：http://www.ogilvy.com/cn/。

思考与练习

360 度品牌管理强调对品牌与消费者的每一个接触点进行管理，重点在于了解消费者对品牌的接触行为。目前，新能源汽车在国内迅速兴起，请在特斯拉、蔚来、小鹏三个品牌中任选一个，根据自己线上线下的调研情况在下表中列出消费者对新能源汽车品牌的主要接触点。

品牌要素	线下接触点及有效性评价	线上接触点及有效性评价
产品		
商业信誉		
消费者		
通路		
视觉管理		
形象		

知识点 2.2：阳狮品牌信息管理系统

阳狮品牌信息管理系统包括品牌审核、概念调研、创意发展、追踪四个步骤。品牌审核应当从品牌（主体），消费者（受众）以及传播（渠道）三个方面进行考量；概念调研的重点是为品牌找出一个独特而深刻的观点（如农夫山泉的“长白雪”）；创意基于信息、传递、策略、反应、改进五个指标进行发展；追踪更多是对创意发展效果的印证，以决定下一步的策略或方向。四个步骤循环往复，逐步优化，以求实现最优广告

拓展案例：农夫山泉的“长白雪”

传播效果（见图 2-3）。

图 2-3　阳狮品牌信息管理系统

思考与练习

（1）请分别从社会学、人类学、符号学的角度分析图 2-4 中所列品牌的内涵和象征意义。

图 2-4　苹果、尊尼获加、特斯拉的商标

	苹果	尊尼获加	特斯拉
社会学			
人类学			
符号学			

（2）请举例说明哪些社会习俗（文化传统）会影响人们对特定品类产品的购买和使用。

知识点 2.3：JWT 循环策划法

JWT 循环策划法由全球第一家广告公司智威汤逊创立，强调策划过程中需要始终锁定目标。它包含五个部分：我们在哪里？（Where are we?）我们为何在这里？（Why are we there?）我们的目标是什么？（Where we could be?）我们如何达成目标？（How do we get here?）我们是否在向这一目标前进？（Are we getting there?）（见图 2-5）

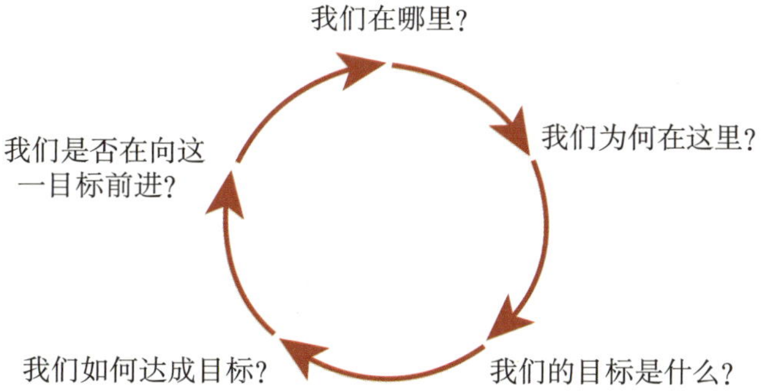

图 2-5 JWT 循环策划法

第一部分关注社会和经济因素对品牌市场定位的影响；第二部分关注竞品和消费者对品牌销售的影响；第三部分关注品牌目标和品牌策略的合理设计；第四部分关注目标达成路径设计；第五部分关注广告目标效果检验。

★ 补充知识点：智威汤逊

智威汤逊的英文缩写是 JWT，创立于 1864 年，是全球第一家广告公司，也是全球第一家开展国际化作业的广告公司。自成立以来，智威汤逊一直以“不断自我创新，也不断创造广告事业”著称于世。智威汤逊全方位创建品牌的理念主要通过四个部分实现：

- 消费者洞察
- 品牌远景

• 品牌意念
• 沟通计划

智威汤逊相信，有效的沟通策略不仅要激发短期销售，更要有助于建立长期的品牌价值，而品牌价值则是保持消费者品牌忠诚度的关键。所有的沟通手段都要围绕一致的且能触动目标消费者的信息来展开。

思考与练习

请尝试用 JWT 循环策划法对你心仪的品牌或感兴趣的公众人物进行分析。

我们在哪里？	
我们为何在这里？	
我们的目标是什么？	
我们如何达成目标？	
我们是否在向这一目标前进？	

知识点 2.4：电通蜂窝模型

日本电通公司对广告创意的典型观点是创造性地解决问题，不为创意而创意，强调实用性，勇于尝试，反常识地创新，从生活中寻找灵感。它开发的电通蜂窝模型是一种基于消费者认知层次对品牌策略进行分析的分析方法（见图 2-6）：蜂窝模型从核心价值（品牌本质）出发，将符号（识别）、情感利益、品牌个性、权威基础（支持品牌的事实）、功能利益、理想（典型）消费者形象六个要素围绕核心形成一个成长与扩张的外展结构。

• 核心价值（品牌本质）：核心价值代表一个品牌最中心、最本质且不因时间改变的要素。因此，一个品牌最独一无二且最重要的部分通常表现在核心价值上。

• 符号（识别）：通过视觉影像和隐喻，将抽象的品牌形象凝结成具象的符号。

• 情感利益：品牌赋予消费者的，能够激起情感共鸣的利益点。

• 品牌个性：品牌自我表现以及与其他竞品相比的差异化优势，是与典型消费者建立良好关系的方法。

• 权威基础（支持品牌的事实）：彰显品牌价值的基本事实，包括产品的特征、过去的历史、推荐者等。

• 功能利益：向潜在消费者展示对其有意义的产品功能。

• 理想（典型）消费者形象：广告中所描绘的消费者。

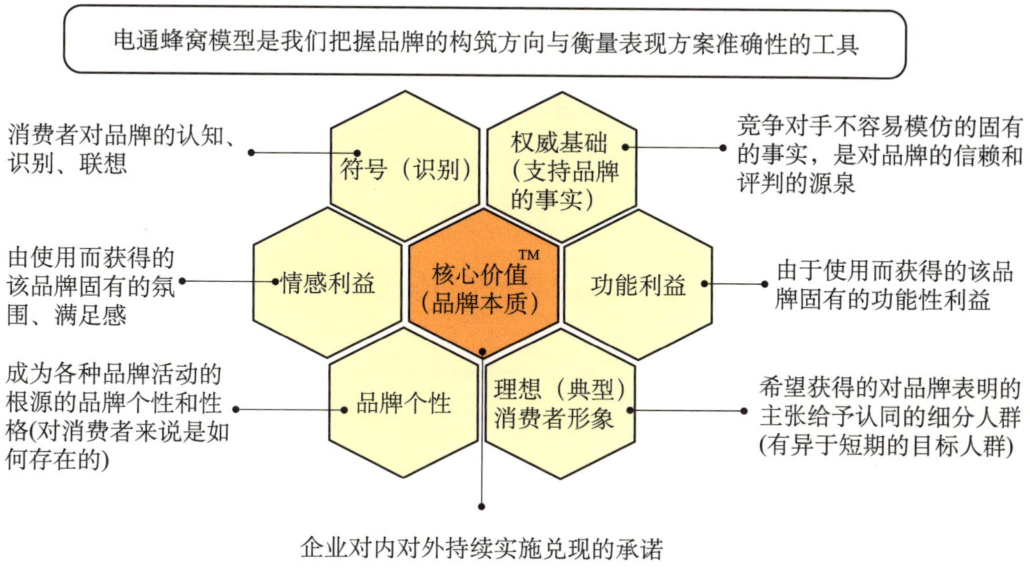

图 2-6　电通蜂窝模型示意图

下面以万宝路香烟为例，对其进行品牌消费者认知层次分析（见图 2-7）。

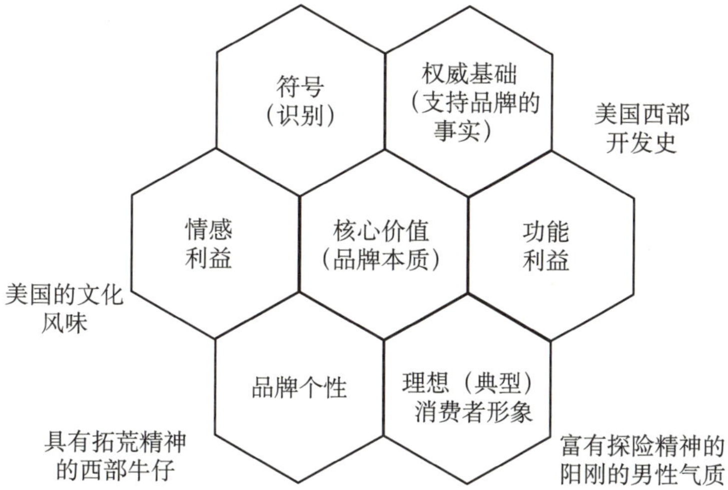

图 2-7　万宝路品牌电通蜂窝模型分析效果图[①]

第一层——万宝路品牌传递给消费者的信息：这是万宝路。

第二层——我是香烟，像一个具有拓荒精神的西部牛仔。

第三层——在万宝路的“乡村意味”里，你能够体验美国的文化风味。

第四层——当你正经历万宝路的冒险之旅时，你是阳刚的，有男子气的，且有英雄气概。

结合电通蜂窝模型，第一层指代没有拟人化的品牌客观信息，即符号（识别）

① 胡晓云，谢冰心 . 日本电通蜂窝模型：品牌建构与传播管理的有效解决方案 [J]. 中国传媒报告，2004，3(1)：25-38.

和权威基础（支持品牌的事实）；第二层指代品牌个性；第三层指代理想（典型）消费者；第四层指代品牌的情感利益。

消费者与品牌的关系是一种相互依存的关系，但品牌在消费者的认知过程中更多地扮演了主动者的角色。

思考与练习

试用电通蜂窝模型对小米公司的品牌拓展情况进行分析，对其典型用户进行画像，并思考小米公司造车的可行性。

核心价值（品牌本质）	
符号（识别）	
权威基础（支持品牌的事实）	
品牌个性	
情感利益	
功能利益	
理想（典型）消费者形象	

案例与练习

“Give me a heart”

你是否也想过器官捐赠？越来越多的人愿意献出自己最宝贵的身体器官，却面临无从着手的情况。在美国有 4 000 多人正徘徊在生死边缘，等待心脏移植，但大家却面临着一个尴尬的状况：虽然有 90% 的民众支持器官捐赠，却只有 52% 的人登记成为捐赠人。芝加哥奥美帮助美国生命捐献组织在照片墙（Instagram，简称“Ins”）上发起了一个简单的活动（见图 2-8）。

一个个等待器官捐赠的人和你隔着屏幕相见，当你双击他们的心脏时，屏幕上会跳出一个心形图案。奥美和 Ins 延长了心形图案出现的时间，使这个图案成为一个入口，用户可以从这里跳转到器官捐赠注册页面。

芝加哥奥美首席创意官乔·希亚罗塔说：“通过一个 3 亿用户每天都会操作的简单步骤，我们试图让在 Ins 上给予爱心的行为不仅仅限于点赞，同时也意味着真正给予一颗鲜活跳动的心。”

图 2-8　美国生命捐献组织发起的“Give me a heart”活动

根据课堂上所学知识点，结合案例，分析案例中采取的是何种广告策划工具，并在空白方框中分析此工具将如何达成广告主的预期目标。

咖啡杯底的信

在生活中，如果没有最亲近的人的支持，人们往往不可能实现目标。但这些亲人却并不知道他们有多重要，因此为了告诉他们这个“信息”，意大利阳狮在近日国际滑冰比赛米兰区赛场推出了这一温馨的活动。在比赛开始前，队员们被邀请给那些努力支持他们运动的人写信，这些人可以是爷爷奶奶、父亲母亲、兄弟姐妹等。在比赛开始时，工作人员会把一杯藏有这些信息的咖啡端给这些人，隐藏式摄像机记录了他们喝完咖啡并看到写给自己的信，他们无不感动不已（见图 2-9）。

选择一个策划工具分析优秀的广告活动是如何开展的？将自己的思考写在下面的方框中。

图 2-9　意大利阳狮创意活动

思考：

评价：

任务二

校外实训

实训任务：到本土广告公司学习，了解广告策划中的品牌与消费者关系管理，思考策划工具的选择与实际使用。

实训公司规模要求

考虑到服务品牌的多元化和策划的多样性以及教学的便利性，本地大型广告公司是比较合适的选择，以有固定的办公地址，注册资本 100 万元以上，从业人员 30 人以上，业务体系较为完备的综合服务型广告公司为宜。

背景知识

品牌管理相关理论。

（1）大卫·奥格威的“品牌形象论”强调广告策划的科学性，注重严谨的调查研究，重视品牌在公众心目中的形象。

（2）美国 Grey 广告公司提出了“品牌性格哲学”，日本小林太三郎教授提出了“企业性格论”，最终形成了品牌个性论：通过品牌人格化实现特定消费者群体化，体现特定群体的生活价值观，并实现其情感价值。

（3）凯文·莱恩·凯勒提出的品牌权益创建理论强调品牌的价值来自消费者的认知以及基于认知而产生的差异性反应。

（4）华南理工大学段淳林教授创立的整合品牌传播理论（IBC）强调通过跨媒体整合的方式围绕品牌核心价值开展价值共创活动；与消费者互动沟通进而建立关系，是品牌价值突破经济价值进而上升到社会价值的战略组织传播过程。

实训任务流程

（1）到达公司，听公司介绍品牌策划作业标准流程（10 分钟）。

（2）业界导师介绍关于客户品牌认知与管理的基本逻辑（20 分钟）。

（3）业界导师进行公司策划工具与公司典型案例的分享（30 分钟）。

（4）提问环节，同学们与业界导师和从业人员讨论消费者洞察在品牌传播中的重要性（30 分钟）。

实训要求

（1）积极参与，不得无故缺席。

（2）做好课前预习，独立思考，准备好自己的问题。

（3）做好笔记，积极互动，勇于提问。

（4）提交校外实训小结。

实训操作流程

（1）参观准备：带着对广告策划中遇到的“术与用”问题，我们将前往本土广告公司进行实地调研，请大家先搜集本土广告公司完成过的你感兴趣的案例，做好资料准备工作。可以在实地访问时提出在阅读案例时发现的问题，请在下面的空白处记录至少三个问题。

1.   2.   3.

（2）从案例中总结并记录公司客户管理和沟通的基本角度与有效方法。

（3）从案例中总结公司常用的策划工具与工作方法，思考有无可优化的空间。

（4）根据之前准备的问题和交流时产生的疑惑与业界导师交流，从实务的需求出发有针对性地弥补自己的知识短板。

（5）访问后填写实训小结，重点写下自己的困惑与需要解惑的部分，力争在下次课前解决，可通过与老师、业界导师、小组讨论等方式实现。

任务三 课后练习

网络辅助学习

选择一个你在本章中最感兴趣的策划工具，围绕一个你感兴趣的品牌设计相关问卷，并通过问卷星等平台发放，最小样本量为200，在下面的方框中贴上问卷调查平台后台的统计数据。

拓展阅读与练习

案例 1：长城“坦克”SUV

“坦克”是长城汽车迎合 SUV 新趋势推出的高端越野品牌，也是长城汽车品类创新的重要成果，致力于为用户提供超越期待的出行体验。“坦克”基于当前消费潮流破局而来，以铁汉柔情的品牌主张开启了全新的品类市场。未来，其将助力中国越野汽车品牌向上突破，用坦克的方式影响时代（见图 2-10）。

图 2-10　长城“坦克”SUV 广告

应用本章所学各类品牌策划工具，对该品牌进行分析，并填写下表。

消费者画像	
品牌区隔	
品牌个性	
品牌权益	
品牌有效整合传播路径	

案例 2：宜家“Real Life Series”品牌营销活动

想拥有和《辛普森一家》及《老友记》中的莫妮卡“同款”的客厅吗？宜家说它可以办到。宜家最近在阿联酋做的一次“Real Life Series”（真实生活系列）品牌营销活动，称得上是不少剧迷的大型怀旧现场——它和创意代理商阳狮西班牙合作，用自家的家居产品还原出了动画片《辛普森一家》、美剧《老友记》和《怪奇物语》中的客厅。宜家这么做显然是想通过场景化的方式来推广自己的基础款产品。项目团队花了 2 个月来比对剧集布景和宜家目前正在出售的产品，以保证能够做到尽可能地还原。当然，100% 还原是不可能的，只能做到大致相似。比如对于《辛普森一家》客厅里的橙色沙发、紫色柜子，宜家找到了颜色最相近的产品，其中克尼斯林沙发是客厅的核心；对于台灯和落地灯，则找到了外观相似的产品，但难以找到配色相同的；对于圆形圈状条纹的地毯，则找到了 70% 类似的产品；还有背后墙上挂着的那幅画——都是帆船主题，而且还是歪着的（见图 2-11）。

图 2-11　宜家还原的《辛普森一家》中的客厅

有趣的是，如果你是《辛普森一家》的粉丝，大概不会忘记片中还有个彩蛋——位于斯普林菲尔德高地（Springfield Heights）的家具店（见图 2-12），外观看上去很像宜家。

对于《老友记》里客厅的沙发、茶几、电视柜，宜家都做到了颜色和款式类似，但在细节上，在极简风的宜家产品里还是挑不出欧式复古风的产品（见图 2-13）。

图 2-12 《辛普森一家》中的家具店

图 2-13 宜家还原的《老友记》客厅场景

至于《怪奇物语》，还原度最高的应该是墙上的彩灯和墙纸，以及相似度达到70%的条纹沙发（见图 2-14）。

项目负责人爱德华多·马尔克表示，这个广告策划本身就能够体现宜家产品种类的包罗万象。“事实上，你真的可以在宜家找到任何东西。每一件我们需要替代的物品，宜家都能提供三个以上的选择。”该广告创意在平面广告、在线专页、社交媒体和产品目录中发布。同时，中东地区宜家在现场搭建了展示区，重现了广告中所有的房间，以便顾客在现实生活中亲身体验。

思考以上策划方案中的不足之处，并展开思路，试着结合案例提出若干你觉得可行的优化策略。

图 2-14　宜家还原的《怪奇物语》客厅场景

小组练习

现在为项目一的小组练习中的太阳镜品牌寻找合适的用户吧，请在小组讨论后确定目标用户并为其画像，并思考品牌能否实现产品的跨性别通用。

相关知识链接

刘刚田，田园 . 广告策划与创意 [M]. 2 版 . 北京：北京大学出版社，2019.

黄升民，段晶晶 . 广告策划 [M]. 3 版 . 北京：中国传媒大学出版社，2018.

施州 . 移动狂人：世界知名品牌移动营销案例解密 [M]. 北京：中国建筑工业出版社，2015.

崔晓文 . 广告策划与实务 [M]. 北京：清华大学出版社，2011.

余明阳，陈先红 . 广告策划创意学 [M]. 3 版 . 上海：复旦大学出版社，2007.

项目三

广告策划作业流程概述

教学要求

通过课堂知识点讲授与案例展示，理解广告策划的基本作业流程；通过走访广告公司，深入体验广告策划作业实务，掌握基本的策划步骤，明确策划作业的基本要求。

教学方法

以直接感知为主的演示法；询问法；以语言传递信息为主的谈话法；观察法

开篇案例

网易云的音乐评论专列

2017 年 3 月，网易云音乐把 5 000 篇音乐评论铺满了地铁站。动人心扉的音乐评论不仅引发了人们的共鸣，还成功地将网易云音乐的音乐评论功能带入了公众的视野。在线上营销盛行的时代，网易云音乐不但将地铁广告打造成最具标志性的品牌活动，也在广告媒体的创新应用方面做出了全新尝试。可以说，网易云音乐在地铁广告中发出了足够大的品牌音量，创造了独特的品牌基调（见图 3-1）。

图 3-1　网易云音乐地铁广告

在杭州地铁 1 号线上，网易云音乐从 4 亿条音乐评论中精选了 85 条，采用红底白字的“网易云”风格，将85条音乐评论印刷在江陵路地铁站全站的墙上和1号线的车厢内（见图3-2）。这些内容能引起大量用户关注、传播和讨论的秘诀是在恰当的场景中捕捉他们的情绪。这种情绪不仅仅是用户个体与音乐之间的互动，也是个体间的感受和认知。网易云市场部经过调查发现，地铁是城市化的产物，它不只是一种交通工具，更与“奋斗的疲惫和孤独”的感受连在一起。地铁里承载了太多人的梦想和希望，但是他们又是如此的孤单，而作为“我们”的用户曾经或者正是地铁乘客中的一员，更能深切理解这种孤独的脆弱感。

图 3-2　杭州地铁 1 号线网易云音乐的地铁广告

同时，地铁又是一个相对封闭的空间，在这种环境下，人的注意力容易集中，情绪传染也会加速。而这些有感情的音乐评论，加上规整的图文格式，赋予传播以温度和仪式感，恰好能击破疲于奔命的乘客的最后一丝防线。相互交融的复杂情绪在地铁车厢内快速扩散，完成碰撞与共鸣。

通过这次传播，网易云把这些曾经感动众人的音乐评论传递给了更多的用户，缓解了他们的孤独感，带给他们情感慰藉。把那些打动人心的音乐评论作为传播的核心，网易云这个策划的整体思路是以做产品的思路来做广告，做用户想看的，用户会有共鸣的，而不是你想让用户知道的。这与网易云音乐很多功能最初的出发点也是一致的：不管是音乐评论、精准的个性化推荐、朋友动态功能，我们都以寻找“适度缓解孤独感又保持个人独立性”的方式来打造它们。这次活动，同样使用情感共鸣的方式来帮助用户缓解孤独感，治愈他们的内心。

背景知识：消费者洞察

消费者洞察意味着深入理解消费者，并有意识地将这样的理解用于帮助消费者实现他们的愿望。这也意味着有智慧的机构能够以此更好地定位自己，从而满足消费者或者利益相关者的需求，控制预算，获得盈利，并使此过程安心且合乎道德。消费者洞察法包括：奥美的消费者描述（人口统计学背景、心理描述、品牌/产品使用行为）；阿里的全景消费者洞察（人口属性、生活方式偏好、消费习惯、关系圈）；等等。

思考与练习

（1）试用奥美的消费者描述法对网易云音乐用户进行深度洞察。

消费者描述	网易云音乐用户	你的思考
人口统计学背景		
心理描述		
品牌／产品使用行为		

（2）请结合阿里巴巴全景消费者洞察法分析地铁通勤族的特征。

人口属性	
生活方式偏好	
消费习惯	
关系圈	

思考与讨论

（1）网易云音乐此次广告策划的成功之处在哪里？

（2）网易云音乐与其他音乐类 App 最大的不同在哪里？

（3）网易云音乐在此次广告策划中想要实现的目标是什么？这些策划目标是否实现了？

（4）网易云音乐此次广告策划的不足之处在哪里？

（5）将这样的广告场景移植到购物中心是否合理？能否产生同样的效果？

（6）请思考音乐类 App 如何开发社交属性。

任务一

课堂讲授与训练

知识点 3.1：广告的策划流程

广告的策划流程一般分为商业理解、信息搜集、数据分析、策略建立、产出主题、传播计划、效果衡量七个步骤。

前三个步骤是指广告公司要主动进入客户的世界，不仅需要对广告主的产品进行细化分析，还要进行目标市场分析和消费者分析，明确产品卖点，避免同质产品竞争，以及确定广告投放的目标消费群体。

策略建立是广告公司对此次策划任务的设定。在本阶段，由客户经理填写策划制作单，由客户总监、创意总监联合召集项目组成员、策划专员举行策划策略会议，根据从客户沟通和市场调查中接收到的信息，就项目的广告推进进行策略性的探讨研究。

产出主题则是广告公司构建会话的出发点，给此次策划活动确定一个统一明确的主题，明确创意观念，决定广告内容。

传播计划则是广告公司针对此次策划活动进行传播渠道设计：（1）把战略规划用具体系统的形式加以规范，要确定广告运作的时间和空间范围，还要对媒体的选择和运用做出限定，包括怎样的媒体组合比较合理，广告的频率如何，需要多少经费才能支持这样的频率，等等。（2）编制广告策划文本，即策划书。广告策划文本既是策划成果的集中体现，也是策划人员向客户说明并争取广告业务的文本依据，因而必须经过认真修改与审定。（3）与客户进一步沟通，并对策划思路进行阐释说明，最后就广告策划方案达成一致意见。

效果衡量是最后一步也是不容忽视的一步，包括搜集广告信息反馈，评定广告效果，总结经验教训，然后再次进行市场调查，并进行相应的调整，为广告主制订新的广告计划。

思考与练习

选择自己感兴趣的成功的运动品牌广告策划案例，按照上述七个步骤对案例进行梳理。

步骤	案例分析
商业理解	
信息搜集	
数据分析	

策略建立	
产出主题	
传播计划	
效果衡量	

★ 补充知识点：竞争对手广告分析要点

- 广告投放量的变化
- 广告排期的变化
- 广告定位的变化
- 广告诉求的变化
- 广告风格的变化
- 广告更新的频率
- 代言人的变化
- 广告媒体组合的变化

知识点 3.2. 品牌形象的构成

品牌形象是指消费者对传播过程中所接收到的所有关于品牌的信息进行个人选择与加工之后留存于头脑中的有关该品牌的印象和联想的总和。品牌形象由有形内容和无形内容构成。有形内容又被称为“品牌的功能性”。无形内容主要是指品牌的独特魅力，是营销者赋予品牌的，并为消费者所感知、接受的个性特征。

对于品牌形象的评价主要从品牌知名度及品牌美誉度两方面进行，此外还有品牌记忆度、品牌注意度、品牌认知度、品牌传播度、品牌忠诚度和品牌追随度等。

影响品牌形象的最重要因素是人们对品牌的联想，这种联想使品牌形象与众多事物联系起来，驱动形象的建立、发展，包括：产品或服务自身的形象，产品或服务提供者的形象，典型使用者的形象。

★ 补充知识点 3.2.1：品牌策略

品牌策略是一系列能够促进品牌积累的企业管理与市场营销方法，包括 4P 与品牌识别在内的所有要素，主要有：品牌化策略、品牌使用者策略、品牌名称策略、品牌战略策略、品牌再定位策略、品牌延伸策略、品牌更新策略等。打造品牌对企业来说有如下好处：有利于订单的处理和对产品的跟踪；保护产品的某些独特性不被竞争者模仿；为吸引忠诚顾客提供机会；有助于市场细分；有助于树立产品和企业形象。

★ 补充知识点 3.2.2：STP 细分战略

STP 细分战略即市场细分。市场细分的概念最早由美国营销学家温德尔·史密斯于 1956 年提出，此后，菲利普·科特勒进一步发展和完善了该理论，形成市场细分（segmentation）、目标市场选择（targeting）和市场定位（positioning）体系，合称 STP。STP 细分战略是品牌战略营销的核心内容，其根本要义在于确定目标消费者或客户。根据 STP 细分战略，市场是一个综合体，是多层次、多元化的消费需求的集合体，任何企业都无法满足所有消费者的所有需求，企业应该根据消费者的需求和购买力等因素把市场分成若干个子市场。目标市场是企业从细分后的市场中选择出来的决定要进入的市场，也是对企业最有利的市场。

案例与练习

独辟蹊径的太二酸菜鱼

太二可以说是近几年来餐饮界里神一样的存在，几乎开一家火一家，每个店几乎都天天爆满，就连官方公众号推送的文章的阅读量都篇篇 10 万 +。

太二成立于 2015 年，是九毛九餐饮集团旗下的一个互联网餐饮品牌。太二将自己设定为“宇宙第二”，宣传语活泼、风趣（见图 3-3），可以有效拉近和消费者的距离，便于和消费者沟通互动；而外星人的身份则意味着其做鱼的技术和水准超一流。这两点为太二的整体定位和营销做了铺垫。

太二在品牌形象树立方面下了大工夫。首先是品类定位。在餐饮市场，一般的餐饮店只会进行大的分类，比如按照菜系分为川菜、湘菜、粤菜等，又或者稍微细分一点按照食材和做法分类，比如火锅、烤肉、烤鱼、串串等，虽然看起来有很多选择，但实际上竞争非常激烈。太二的做法是避其锋芒，在食材和做法的基础上又进行了细分，从各种鱼的大品类里，分离出了酸菜鱼小品类，并且只做酸菜鱼，还进行了品类资源占有，将太二和老坛酸菜联系在一起。提高商业效率的本质是提高品牌认知效率，太二把能联想到酸菜鱼这一品类和其相关的一切的信息都尽可能地

图 3-3 太二酸菜鱼宣传语

占为己有，与消费者达成心智共识，从而打造独有的品牌资产。

其次，太二注重在品牌形象上下工夫。为了强化“宇宙”的概念，太二的视觉形象以二老板和小二哥为核心 IP，从店内展示、线上物料，到线下营销，都统一采用了漫画形式，形成了太二独有的内容+视觉符号体系（见图 3-4 和图 3-5）。而在营销层面，太二也独具风格，将饥饿营销进行到底，推出每天只卖 100 条鱼，卖完就打烊的策略。

图 3-4　太二酸菜鱼漫画广告

图 3-5　太二酸菜鱼门店图

图 3-6　太二酸菜鱼周边手机壳

太二通过独特的定位、风格、产品体验实现了口碑传播后，主要在周年庆、新店开业和周边产品（见图 3-6）三个方面继续进行营销推广活动。太二把酸菜鱼这一品类进行了资源开发，从定位、视觉、文化及内容等多个方面对消费者进行印象强化，这或许是太二酸菜鱼的品牌打造如此成功的原因之一。

根据所学知识点，结合案例思考太二酸菜鱼是如何细分市场、树立品牌形象并进行品牌优化的，这种做法能不能被其他品类借用？将你的思考记录在下框中。

思考与练习

选取同一行业的两家竞争品牌，对它们的 STP 细分战略进行比较分析。

战略	A 品牌	B 品牌
市场细分		
目标市场选择		
市场定位		

任务二 校外实训

实训任务：阅读客户策略单，完成客户数据与信息的搜集与整理；整理市场、产品、竞品等的资料与信息，完成行业数据分析。

实训客户选择

考虑到比较研究的必要性，客户应来自具有一定竞争性的行业，普及性较强，能够在普通商业区接触到。为便于调查和访问，品牌应有一定知名度，消费者对客户品牌应有基本的认知和了解，以全国性品牌为佳。

实训任务流程

（1）讨论和分析策略单，小组自主安排时间（约 60 分钟）。

（2）进入商业中心的品牌实体店进行实地考察，补充目标品牌的线下信息（60 分钟）。

（3）在商业中心演讲区集中，各小组汇报实地考察情况，总结产品与品牌的客观表现，记录和比较各小组关注点的差异（30 分钟）。

（4）通过线上渠道继续获取客户信息，自主完成产品调查与品牌延展性研究（约 60 分钟）。

实训要求

（1）积极参与，不得无故缺席。

（2）做好课前预习，独立思考，准备好自己的问题。

（3）做好笔记，积极互动，勇于提问。

（4）完成并提交实训笔记。

实训操作流程

娃哈哈品牌策略单

（1）各小组访问全国大学生广告艺术节官网（www.sun-ada.net）或其他赛事官网，小组讨论并选择目标品牌任务与策略单，完成客户目标分析，明确广告策划任务。在此以娃哈哈品牌策略单为例进行策略单格式展示，各小组根据自己的需求打印出自选品牌的策略单，并进行讨论和分析。

（2）请将小组讨论中发现的策略单信息无法解决的问题填在下表中。

问题一	
问题二	
问题三	

（3）进入商业中心的品牌实体店进行实地考察，完成目标品牌线下信息补充。

- 实体店的周边环境与店面环境：

- 店面产品展示与传播设计：

- 产品试用与利益点考量：

- 消费者在店内的行动、询问等情况：

- 询问店员客流量、销售量、产品亮点等情况：

（4）在商业中心演讲区集中，各小组汇报实地考察情况，总结产品与品牌的客观表现，记录和比较各小组关注点的差异。

（5）通过线上渠道继续获取客户信息，自主完成产品调查与品牌延展性研究。结合策略单，思考客户的广告传播需求、客户对广告传播方案的期待，以及需要对客户进行补充提问的内容。同时，需要通过公众号等多种方式取得客户的回应。

问题一	问题描述：	客户回应：
问题二	问题描述：	客户回应：
问题三	问题描述：	客户回应：
备注		

任务三 课后练习

网络辅助学习

新媒体的发展对广告策划作业产生了巨大影响，试着在线收集资料，在下表中填写相应变化对现有作业流程可能带来的改变。

新变化	可能的改变
跨媒体广告	
消费者自主生成广告内容（UGC）	
社交媒体广告	
在线游戏植入广告	
直播带货	

拓展阅读与练习

参考图 3-7 中的广告公司策划作业流程，思考调研方面还应补充哪些信息？

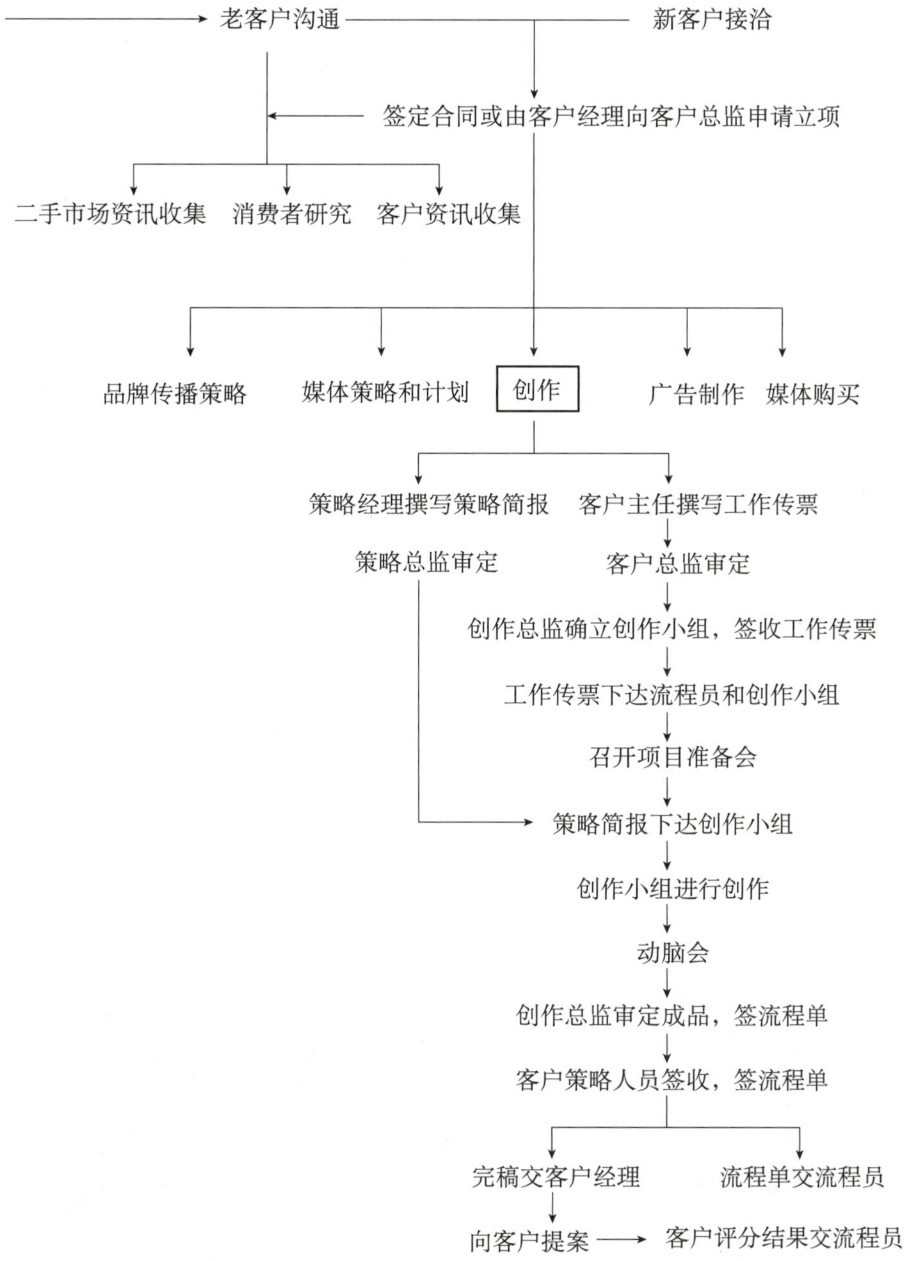

图 3-7　广告公司标准创作流程图

信息补充：

拓展阅读与练习

案例 1：不方便面馆

广州 TIT 创意园开了一家不方便面馆（见图 3-8），这是一家 24 小时不打烊的面馆，其店面分为用餐区、零售区、饮品区、厨房操作区。以温度作为产品划分标准，零售区、饮品区、厨房操作区的温度分别为 15 ～ 25℃、0 ～ 4℃、80 ～ 100℃。不方便面馆售卖的是世界上排名 Top10 的方便面和进口品牌的零食；饮品区除了常见的软饮料，还有一些限定饮料。每碗面的价格都超过 28 元，不便宜，但每天还是吸引了不少年轻人前来尝鲜，因为特别符合当下年轻人的口味——有趣、好玩、颜值高，尤其是“不方便”这种新颖的态度和主张瞬间就会引发好奇心，迎合了年轻人“潮流、有趣、好玩、颜值高”的兴趣点（见图 3-9）。于是，人们认为不方便面馆非常有态度。其所提倡的“不方便”，表达的不是步骤烦琐、冗长，而是“有逼格、不随便”，哪怕吃一碗方便面也得有腔调，一定要“凹”点情调加点料，给自己的生活增加仪式感和品质感。通过举办 pop-up、吃喝玩乐、联合策展、设计师大赛等活动，消费者更加了解了不方便面馆所传达的属于年轻人的潮流态度和文化。其品牌的口号是：“方便不随便。”

图 3-8　不方便面馆门店实景图

图 3-9　年轻人纷纷打卡不方便面馆

数字时代，广告策划有以下六个原则：

- 关联原则：善于讲故事，内容与主题自然展开。
- 互动原则：激发消费者主动参与和表达的欲望。
- 娱乐原则：理解消费者热爱游戏的本能，在游戏中寻找目标消费者。
- 众筹原则：呼唤消费者参与，降低参与门槛，使之与参与人数成正比。
- 公益原则：消费者更乐意在社交平台分享自己的公益行为，品牌在公益主题的加持下更容易被接受。
- 简单原则：数字技术越先进，使用越简单，科技应以人为本，广告策划的设计要考虑消费者参与的方便性，最好能一键完成。

请结合以上六个原则对不方便面馆进行案例分析并按要求填写表格。

关联	
互动	
娱乐	
众筹	
公益	
简单	

案例 2：农夫山泉的跨界营销

1996 年，浙江千岛湖养生堂饮用水公司成立，这正是农夫山泉的前身。农夫山泉诞生的第一年便干了一件轰动饮用水界的大事：在当时以纯净水为主的市场上，开辟了“天然水”这一品类市场，提出天然水比纯净水更适合人体饮用的观点，并做了一系列天然水与纯净水的生命值对比试验，以证明这一观点的正确性。

1998 年，农夫山泉为了突出天然矿泉水的口感，启用了那句著名的广告语：“农夫山泉有点甜。”2001 年中国申奥成功，农夫山泉又开展了一波极具口碑的营销活动——1 分钱公益计划。消费者每买一瓶农夫山泉，农夫山泉就捐一分钱，为奥运场馆建设做贡献。在结束了支持奥运会的活动后，农夫山泉紧接着推出阳光工程，采用的也是同样的套路，买一瓶水捐一分钱给贫困地区的孩子们，帮助他们更好地生活和学习。

2007 年，农夫山泉在天然水的基础上又延伸出了一个新的概念——天然弱碱性水，再次夯实“天然水”的属性。为此，农夫山泉制作了一波物料，在每瓶水的瓶颈处套一个标有 PH 值为 7.3±0.5 的小拉环，并配以 PH 试纸，以此证明农夫山泉的水是弱碱性的，是天然水。2008 年，另一句家喻户晓的广告语“我们不生产水，我们只是大自然的搬运工”诞生，从品牌理念上再次诠释了农夫山泉是一个什么样的品牌，它的水是什么水。

至此之后，结合深刻的消费者洞察，农夫山泉开始了全新的广告策划思路，从水源，到产品，到跨界，到综艺，综合应用多种元素，旨在通过各种手段打动消费者，触及其内心深处（见图 3-10）。

图 3-10 《农夫山泉水源地纪录片 · 冬季篇》广告

首先在水源方面，农夫山泉开启了“见证寻源之旅”，在线下邀请媒体去亲身感受水源地的水和水的生产过程，在线上则围绕水源探索、检测、制作、送水，投放了《一个你从来不知道的故事》《每一滴水都有它的源头》《最后一公里》《一个人的岛》《一百二十里》《一天的假期》等宣传片。而关于水的营销，农夫山泉最出名的则是 2018 年拍的一则被网友评为农夫山泉史上最美广告的广告片——《什么样的水孕育什么样的生命》。

在产品方面，农夫山泉不断地推出新产品和新包装，用高颜值视觉设计去吸引消费者。其中印象最深的当属2015年在长白山推出的玻璃瓶装高端矿泉水（见图3-11）、运动瓶装学生天然矿泉水和儿童天然饮用水。

图3-11　农夫山泉玻璃瓶装高端矿泉水系列

在跨界方面，2017年农夫山泉和网易云音乐联合打造了30款音乐瓶，“每一首歌都是一瓶水，只有喝水的人才知道其中的冷暖滋味”（见图3-12）。

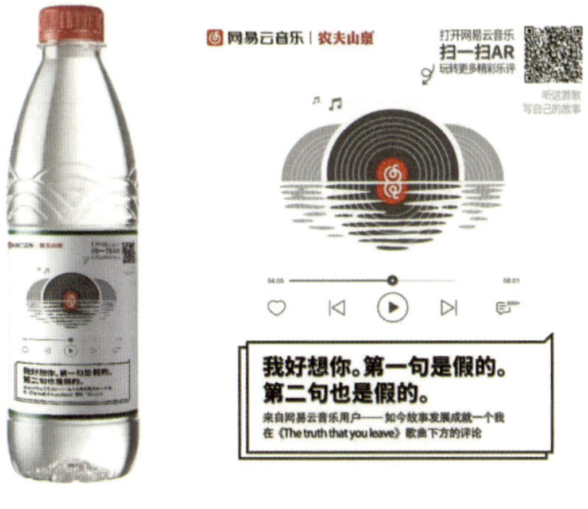

图3-12　农夫山泉与网易云音乐联合推出的音乐瓶

在综艺方面，为了吸引更多的年轻消费者，农夫山泉旗下的“维他命水”“茶π”等产品均曾参与过热门综艺节目的冠名赞助活动。

农夫山泉所有的品牌策划内容都源于其“天然水”的强大品类及战略占位。从初期抛出“天然水更适合人体饮用”，打破了人们对纯净水就是干净健康水的认知，到进行科学的证明，再到始终围绕农夫山泉是“天然水”的宣传，由形到意，不断地告诉消费者农夫山泉是谁，以及为了成为它所付出的努力。

在这些观念已然成为市场和消费者的共识之后，农夫山泉一边继续强化“天然水”的符号标签，一边围绕消费者延伸产品影响力，包括新品、瓶身设计、包装口味及场景使用等。到今天，农夫山泉“天然水”的符号标签已经深深地植根于消费者的心中。

请结合案例，思考农夫山泉如何通过广告策划在消费者心中建立起其独特的品牌形象，评价其中的成败之处，并提出可能的优化方案。

小组练习

策划思路的开发离不开大胆的联想和尝试。小组成员集体讨论，去尝试一件你们都认为不可能做到的事情，不管成败，请将你们在尝试过程中所拍的照片贴在下面的方框中。

相关知识链接

刘刚田，田园．广告策划与创意 [M]. 2 版．北京：北京大学出版社，2019.

黄升民，段晶晶．广告策划 [M]. 3 版．北京：中国传媒大学出版社，2018.

施州．移动狂人：世界知名品牌移动营销案例解密 [M]. 北京：中国建筑工业出版社，2015.

崔晓文．广告策划与实务 [M]. 北京：清华大学出版社，2011.

余明阳，陈先红．广告策划创意学 [M]. 3 版．上海：复旦大学出版社，2007.

项目四

广告策划实务之品牌调研

教学要求

明确品牌策略在策划中的重要意义，掌握获取品牌数据的手段，理解品牌构建行为的内涵。

教学方法

以引导探究为主的探究法；以实际训练为主的练习法；实验法

开篇案例

旺旺集团

旺旺集团起家于1962年在台湾地区成立的宜兰食品，1979年自创品牌“旺旺”(英文名为Want Want，见图4-1)，并打造出了吉祥物“旺仔”(见图4-2、图4-3)。1989年，旺旺集团注册了“旺旺”商标，由此成为第一个在大陆注册商标的台商。旺旺在中国拥有超旺的人气，其中少不了“旺旺”这个名字的功劳。起一个符合中华文化认同的名字，不仅能让品牌与人们快速亲近，而且还能让人们觉得吉利。“旺”字本身有事业兴隆、发达、繁盛之意，同时还能折射出两岸同胞渴望成功、追求好运吉利的共同心理。

图4-1 旺旺食品系列产品

1983年，第一位米果成员——“旺旺仙贝”诞生，次年“旺旺雪饼”问世，旺旺一夜之间风靡全国，成为中国休闲食品界的元老品牌。“浪味仙”“旺仔小馒头”“旺仔牛奶”“旺旺摇滚冻”等新品，继“旺旺仙贝”和“旺旺雪饼”后接连上市。旺旺家族日益庞大，中国第一批吃零食的儿童消费者群体也随之壮大。

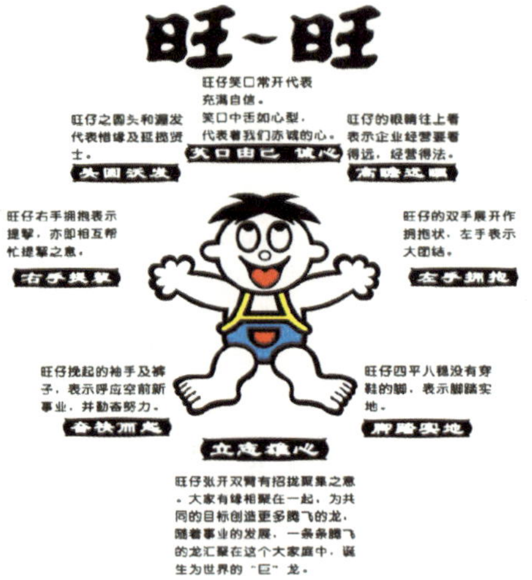

图 4-2　旺仔 logo 标识及解读

图 4-3　旺仔俱乐部 logo 标识

旺旺集团旗下目前除食品产业外，还拥有其他支线产业，品类跨度大，涵盖了文化、传媒、综合旅游、农林、养老、保险、房地产、酒店（见图 4-4）、电解水、医疗（见图 4-5）、食品等。

图 4-4　旺旺酒店

图 4-5　旺旺医院

旺旺经典的广告语包括：“再看我就把你喝掉”“每天早上第一件事，大喊一声‘旺旺’！亲爱的朋友，请随时大喊一声‘旺旺’！你旺！我旺！大家旺！”……不仅让人们的关注点集中在产品包装上，还为旺旺品牌添加了“可爱”“喜庆”的品牌属性。

随着国内经济的发展、人民生活水平的提高，人们的消费观念发生了巨大转变，旺旺陷入危机。国人的健康意识开始提高，相比旺仔牛奶，纯牛奶和酸奶更受消费者欢迎。2010年以来，各类儿童牛奶纷纷涌现，蒙牛未来星、伊利QQ星等牛奶品牌已然成为旺仔牛奶的强劲对手。在旺仔牛奶疲于应战的同时，旺旺的另一个主打产品也遭遇了相似的市场打击。随着新兴零食品牌的崛起，品质化、健康化的零食成为休闲食品的消费主流。三只松鼠、百草味等电商零食品牌均以高营养价值的海味、坚果作为主打产品，分割并占领了传统零食市场。作为集团的营收主力军，旺旺米果类产品从 2014 年开始在市场中丧失战斗力。根据旺旺的财报，2014 年旺旺营收和利润双双下滑，接着连跌三年。

为了应对品牌老化的问题，旺旺从 2017 年开始了品牌改革，并取得了一定成效，主要举措包括渠道创新、跨界联名、多触点连接消费者，以促使品牌年轻化。旺旺意识到了新时代的市场变化，开始拓展电商渠道，以旺仔俱乐部为品牌，在天猫和京东官方旗舰店上线了多款旺仔周边产品（见图 4-6），其中既有生活家居，也有文具用品，还有潮流服饰。相比旺仔 logo 的单一表情，这些周边产品上的卡通人物表情更加丰富。这些新品不仅吸引了众多对旺仔有童年记忆的消费者，更是将目标消费者指向了二次元群体。

为了迎合新一代消费群体的个性化需求，旺旺推出了“旺仔民族罐”（见图 4-7），为包装上的旺仔穿上民族服饰，56 个民族就有 56 种搭配，分分钟激起旺仔迷的收藏欲。为了增加收藏过程中的趣味性与难度系数，旺旺还给民族罐搭配了盲盒。此外，在跨界营销大行其道之时，旺旺也不落伍，与天猫进行了联名营销（见图 4-8）。

图 4-6　旺仔周边产品

图 4-7　旺仔民族罐

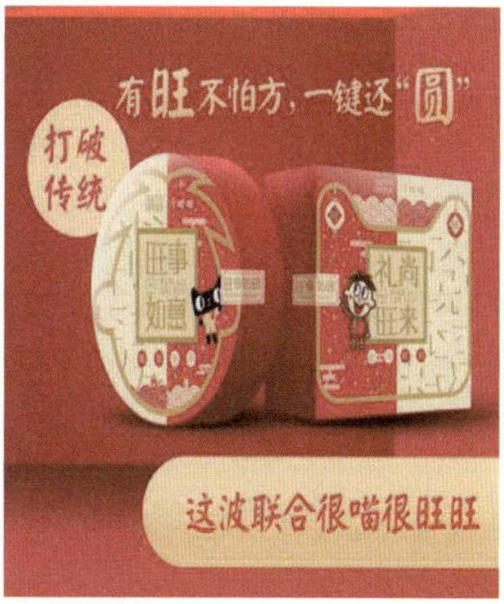

图 4-8　天猫国货有好货与旺旺新年联名款方圆礼盒

与此同时，旺旺集团通过线上线下联动，打造了“旺仔俱乐部”主题门店（见图 4-9），截至 2019 年 10 月 27 日已有 100 家。

旺仔线下门店大多分布在中部和东部城市，重点是增强消费者对品牌的黏性。从 2017 年至今，旺旺始终保持对时事和热点的高度敏感，每次出现在大众视野，都能引发不同的话题，为消费者带去新鲜感，刺激消费者的购买欲望。同时通过有趣好玩的内容营销深化“旺仔”的 IP 形象，扩大品牌影响力，刷新消费者的品牌认知，旺旺成为重新焕发生机的“网红品牌”。

图 4-9　旺仔俱乐部线下门店

传统品牌要想在新时代实现品牌新生，首先要保证产品质量，坚守产品为王的理念。旺旺能够重获消费者喜爱，最重要的一点是它本身的头部产品足够优质。在产品基础上，旺旺再紧跟当下潮流，根据消费者喜好重新塑造品牌形象，进行品牌跨界、产品延伸，舍弃品牌形象中老化的元素，最终激活传统品牌。

思考与讨论

（1）打造网红品牌的一般路径是什么？

（2）在网络消费盛极一时的当下，为何还要开发线下店面？

（3）如何评价旺旺的品牌延伸策略？

（4）思考品牌 IP 化的优势与劣势。

（5）思考旺旺品牌的产业延展是否合理。

…………

任务一

课堂讲授与训练

知识点 4.1：品牌延伸

品牌延伸是指企业将某一知名品牌或某一具有市场影响力的成功品牌扩展到与成名产品或原产品不尽相同的产品上，以凭借现有成功品牌推出新产品。品牌延伸并非只是简单借用表面上已经存在的品牌名称，而是对整个品牌资产的策略性使用。品牌延伸可以使新产品借助成功品牌的市场信誉在节省促销费用的情况下顺利地进入市场。随着全球经济一体化进程的加速，市场竞争越来越激烈，同类产品越来越多，产品的差异化越来越小。品牌延伸是实现品牌无形资产转移、增值的有效途径。品牌作为无形资产是企业的战略性资源，而如何充分挖掘企业的品牌资源潜能并延长其生命周期，便成为企业的一项重大战略决策。品牌延伸的优劣势比较如表 4-1 所示。

表 4-1　品牌延伸的优劣比较

优势	劣势
加快新产品的定位，保证新产品投资决策的快捷准确	损害原有品牌形象，有悖消费心理
有助于减少新产品的市场风险	株连效应
有助于强化品牌效应，增加品牌这一无形资产的经济价值	容易形成此消彼长的“跷跷板”现象
能够增强核心品牌的形象，提高整体品牌组合的投资效益	淡化品牌特性

思考与练习

从盲盒、共享充电宝、新能源汽车等品类中选择一个感兴趣的原创品牌，整理其成长经历，分析它是如何打造出成功的品牌形象的。

案例与练习

靠玩具走红的迪士尼[1]

上海迪士尼于 2021 年 9 月推出了新玩偶——玲娜贝儿，一个不能说话不能动的毛绒玩偶，原价 219 元，转手就能卖 1 999 元，涨幅超过了 810%。跟白雪公主、米老鼠等大 IP 不同，玲娜贝儿没有任何影视剧作品，但它确确实实在诞生 3 个月后就成了消费市场的“顶流”。

据报道，玲娜贝儿开售当天，凌晨 3 点就有 5 000 多人顶着寒风排队抢购。在年轻人聚集的生活社区 App 上，每一篇晒出玲娜贝儿的笔记都会引来一大堆羡慕的点赞；在二手交易网站上，玲娜贝儿被高价出售，最高时曾喊价上万元；同时，又有人指责“黄牛”扰乱市场，呼吁大家不要购买；还有大量揭发假货的帖子与推荐购买“平替”的帖子，每一篇都有不错的点击量。

玲娜贝儿的走红，既有自然流量，也有人为推手。它体现了相当一部分年轻人的消费观念正从追求性价比切换为偏好“心价比”。百度指数显示，绝大多数玲娜贝儿的粉丝是 30 岁左右的年轻人。在这些消费者眼里，一款产品除了要满足功能需求，更要满足情感需求，只要他们心里认为值这么多钱即可。

对于当下的一部分年轻消费者来说，可爱、颜值、圈层认同感等才是稀缺资源，是行走朋友圈必备的“社交货币”，它就值这么多钱，而且还能转化为可投资的稀缺商品。最近出现的一个词叫“粉牛”，指那些因为自己喜欢买一套产品，再多买几套并按照“市场价”转让的人。这个词体现了潮玩潮物的功能价值、粉丝的情感价值和商品的投资价值，是新消费品“钞”能力的注解。

可以预计，今后还会有其他商品沿着这一路线走红。迪士尼自己就在全球“如法炮制”出了包括星黛露、玲娜贝儿在内的多个玩偶，打造了一个达菲家族。能在短时间内将一个个新 IP 运作成大明星，当然有很多门道，其中一个重要原因就是把握住了年轻人的心态。

请结合品牌延伸的相关知识点对此案例进行分析，评价迪士尼的品牌延伸策略。

★ 补充知识点：理解品牌的六个构成部分

（1）品牌属性，如质量、性能、用途等。

（2）品牌利益，带给消费者的特殊利益，如“怕上火，喝王老吉”，以此形成消费者对品牌的条件反射。

① 余颖 . 这个玩偶的“钞”能力从何而来 [N]. 经济日报，2022-01-05(5).

（3）品牌价值，如声望、社会影响等，如“iPhone 13，强得很”，有个性的品牌会形成自己的社会文化区隔。

（4）品牌文化，有一定的地域性，如“西贝莜面村”就带有明显的西北风情。

（5）品牌个性，折射出目标消费者的个性，如耐克的“Just do it”，彰显了年轻人想做就做的行动派风格。

（6）品牌用户，指购买或使用产品的消费者类型，如“好爸爸洗衣液”会让消费者认识到家务不仅仅是妈妈的事，还是爸爸的事，有助于形成新的消费者自我意识。

案例与练习

跨界的小米

2010 年创立的小米公司以超高的性价比打进了手机市场，收获了众多粉丝。消费者深刻地体验到了饥饿营销的疯狂，也第一次见识到了物美价廉的国产智能手机（见图 4-10）。

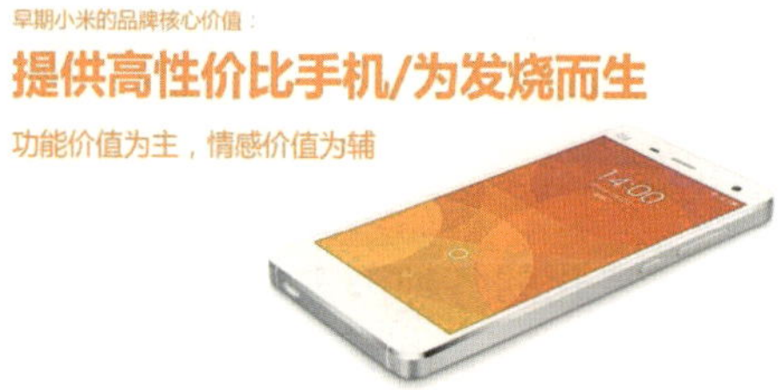

图 4-10　小米手机广告

近年来，小米品牌已打造出了小米生态链，俗称“米家”，这一生态链现已延展到从数码产品到日用百货的各个品类。这些产品都采用小米的极简主义设计理念，风格上较为统一。小米在品牌延伸上没有选择增加自己的生产线，而是选择性地收购小公司或与其联盟。这无疑是一个利益最大化的选择，用最短的时间抢占了最多的市场。从其官网来看，现有产业链已较为庞大（见图 4-11）。

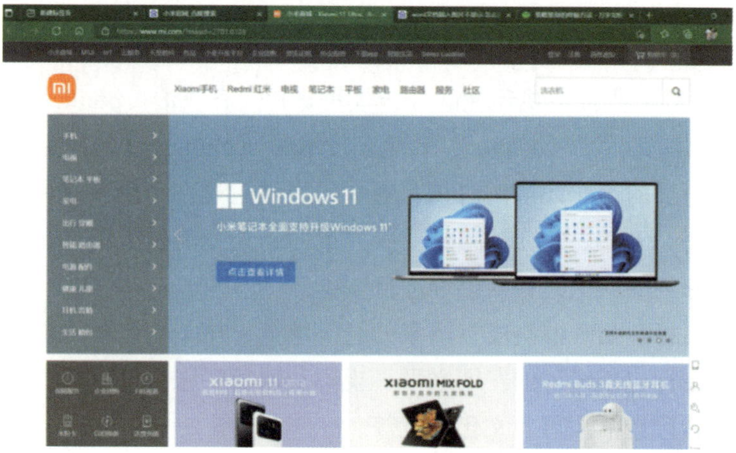

图 4-11　小米品牌官方网站

结合小米的案例，请在下表中写出你对其品牌延伸策略的评价与思考。

知识点 4.2：市场分析

市场分析是指对市场供需变化的各种因素及其动态、趋势进行的分析。分析过程如下：搜集有关资料和数据，采用适当的方法研究和探索市场的变化规律，了解消费者对产品品种、规格、质量、性能、价格的意见和要求，了解市场对某种产品的需求量和该产品的销售趋势，了解产品的市场占有率和竞品的市场占有情况，了解社会商品购买力和社会商品可供量的变化，并从中判断商品供需的不同情况（平衡，或供大于需，或需大于供），为企业安排生产经营、进行市场竞争和管理提供依据，并为行业正确调节市场、平衡产销、发展经济提供重要依据。常用模型包括：PEST 模型；波特五力模型；SWOT 模型；用户画像模型。

★ 补充知识点 4.2.1：PEST 模型

PEST 模型是一种对宏观环境的分析模型，P 代表政治（politics），E 代表经济（economy），S 代表社会（society），T 代表技术（technology）（见图 4-12）。在分析一个企业集团所处的市场环境的时候，通常可以通过这四个因素来分析企业集团所面临的状况。进行 PEST 分析时需要掌握大量的、充分的研究资料，并且需要对所分析的企业有深刻的认识，否则很难进行下去。

（1）政治指标包括政治制度、国家的经济政策、相关法律及法规等。

（2）经济指标包括经济的发展水平、规模及通货膨胀率等。

（3）社会指标包括人口、文化环境等。

（4）技术指标包括新技术、新工艺等。

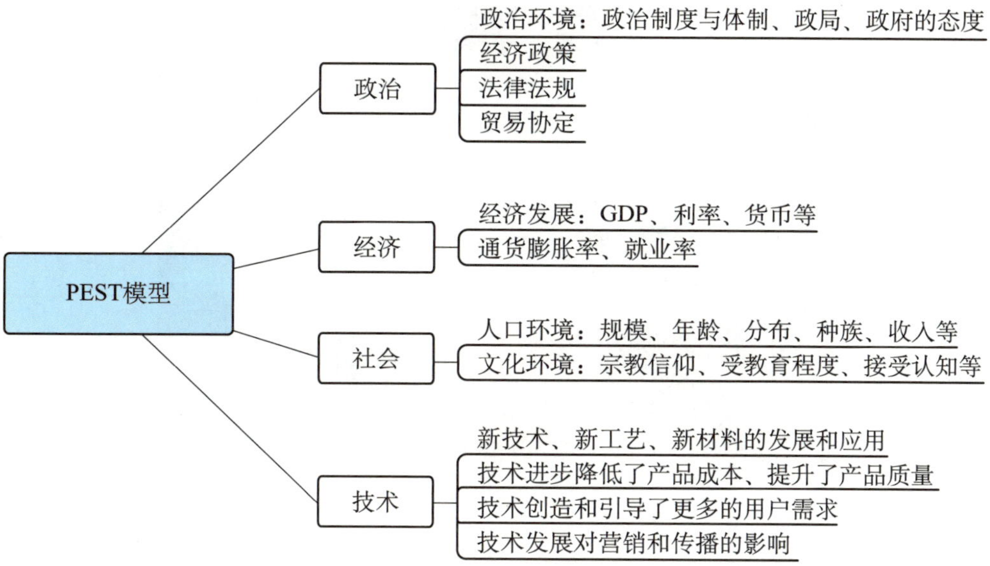

图 4-12　PEST 模型示意图

★ 补充知识点 4.2.2：品牌生命周期

- 初创期：解决用户认知的问题，重点在于品牌传播。
- 成长期：解决用户转化的问题，重点在于品牌运营。
- 成熟期：解决用户留存的问题，重点在于品牌建设。
- 衰退期：解决产品转型和品牌创新的问题。

案例与练习

泡泡玛特的神奇进化

泡泡玛特（POP MART）成立于 2010 年。近十几年来，围绕艺术家挖掘、IP 孵化运营、消费者触达以及潮玩文化推广与培育四个领域，泡泡玛特用“创造潮流，传递美好”的品牌文化构建了覆盖潮流玩具全产业链的综合运营平台。2020 年 12 月 11 日，泡泡玛特在港股挂牌上市。

这些 IP 被打造为盲盒、手办、胸针、吊坠等产品，再经过不同的路径输送给消费者。泡泡玛特通过线下实体体验店（见图 4-13）、机器人商店（见图 4-14）、展会、线上天猫旗舰店、葩趣（潮玩互动社区）、泡泡抽机盒（微信小程序）等多样化终端触及消费者。

与此同时，泡泡玛特已经举办的各类展会和潮玩交流会（见图 4-15）共达 50 余场，其中，2019 年北京国际潮玩展吸引了来自 14 个国家及地区的 270 名艺术家参与，参观量超过 10 万人次。在收获更多粉丝的同时，泡泡玛特也为自己发掘更多艺术家、获取更多 IP 拓宽了道路。

图 4-13　泡泡玛特线下实体体验店

图 4-14　泡泡玛特机器人商店

图 4-15　泡泡玛特潮玩交流会

目前，泡泡玛特已经形成了一个以运营 IP—渠道开拓—产品生产供应—用户社群维护为基本结构的闭环平台，相当于自主搭建了整个产业链的基础设施，这为品牌的发展带来了更多的自主权。但在当下盲盒这一形式被各个品类的产品大量借用的状况下，泡泡玛特为了延续自己的独创性就更需要加大对 IP 的打造力度，让自主 IP 迅速成熟，保持品牌的影响力。

根据课堂所学知识点，运用 PEST 模型对盲盒行业进行市场分析。

政治	
经济	
社会	
技术	

使用 SWOT 模型对泡泡玛特进行市场分析。

优势	
劣势	
机会	
威胁	

使用波特五力模型对盲盒行业进行市场分析。

上下游	
竞争者	
新进入者	
替代者	
购买者	

尝试在下面的空白处对泡泡玛特的用户进行画像。

知识点 4.3：品牌定位

品牌定位是指确立品牌在顾客心智中的位置。定位始于产品，产品可以是货物、服务甚至是个人。产品本身并不是定位的对象，潜在顾客的心智才是定位的对象。在定位理论中，品类与品牌依靠分化建立联系。新品牌来自现有的产品或服务，品类的分化会带来品牌的进化。所以，先有品类再有品牌。

例如，花西子品牌的定位是“东方彩妆，以花养妆”，“花”代表以花养妆，“西子”则取自苏东坡的诗句“欲把西湖比西子，淡妆浓抹总相宜”，巧妙地把“杭州”和“彩妆”两大要素结合在一起，还突出了品牌的东方古典美。在品牌开发上，花西子做到了表里如一和统一性；在品牌功效上主打以花养妆，妆养合一；在品牌情感上则借力东方美学的荣誉感（见图 4-16、图 4-17）。

图 4-16　花西子的品牌故事

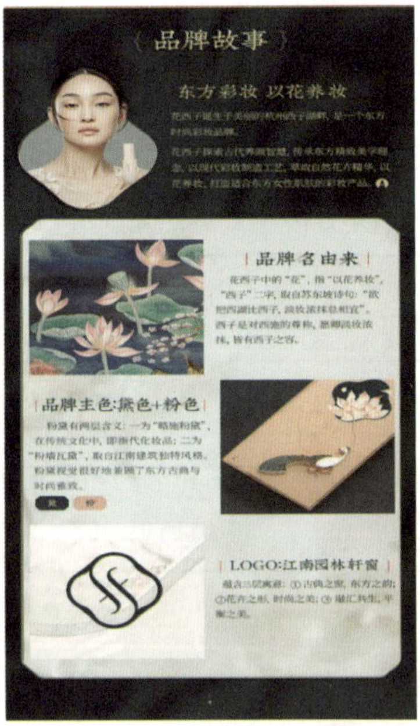

图 4-17　花西子蚕丝蜜粉饼广告

★ 补充知识点：心智

心智是人们过滤信息、接受信息、处理信息和存储信息的方式与空间。品牌定位理论将心智放在第一位，认为心智决定市场，将潜在消费者心智确立为营销战争的终极战场。心智考虑的是品类，而不是市场。心智份额是指品牌在潜在顾客心智中的占有率，品牌的心智份额决定了市场份额，通常用品牌作为心智中首选品牌的比例来评估。

案例与练习

把品牌做成品类，他是怎么做到的？

2017 年，百草味创始人蔡红亮注册新公司，瞄准自热市场，创立品牌“自嗨锅”（见图 4-18）。自嗨锅是抓住消费新风口、创新细分品类的典型。在“2020 有赞 x 亿邦直播社交电商峰会”上，自嗨锅 CEO 石富鹏发表了《打造一人食——品牌即品类》的主题演讲，分享自嗨锅率先通过打造“一人食”概念，结合品类即品牌取得成功的经验心得。

尽管在自嗨锅进入自热市场时，自热食品已经火了两年时间，但是蔡红亮并没有选择第一时间投产上市，而是展开了市场调研和商业规划。蔡红亮希望可以发现自热食品走红背后消费趋势真正的改变。在一次采访中，蔡红亮提到了他对年轻“懒宅一族”的关注。在当今快节奏的生活中，伴随着“懒人”群体整体用户规模的不断扩大和“宅文化”的兴起，消费者“独乐主义”意愿愈加明显。一人食、一人观影、一人旅行正成为大多数消费者的常态，这一点在 Z 世代人群中尤为明显。第一财经商业数据中心（CBNData）联合口碑发布的《2018 生活消费趋势报告》显示，2016—2017 年“95 后”人群单人用餐的消费笔数占比远高于年龄更大的人群。

图 4-18 自嗨锅包装设计图

自嗨锅由此将目标设为“定义一人食场景，打造一人食餐饮标准”，在自热火锅市场刮起了一阵大风。自 2018 年上市以来，自嗨锅连续三年占据天猫自热食品排名榜第一。通过细分原有的热门品类“自热火锅”，提出“一人食”场景下的自热火锅概念，自嗨锅成功占据了消费者的心智，甚至有消费者提问："什么牌子的自嗨锅好吃？"品牌由此成功代表了整个品类。

请举出至少三个成功代表整个品类的品牌。

	品牌	品类
1		
2		
3		

百草味在已成为知名品牌的情况下，为什么新品未延续既有品牌开发，而是单独打造了一个新品牌，这样做的好处在哪里？是否也有不足？请在下面的空白处写出你的评价。

任务二 校外实训

实训任务：进行实地市场调研，了解行业发展与市场态势，收集关于市场、产品、竞品等的资料，明确品牌表现与竞争情况的关系。在完成后期数据分析后，得出品牌调研结论。

实训场地要求

选择一个建筑物内或一个商业体内能集中多种零售店铺、服务设施，且能为消费者提供综合性服务的商业集合体。这种商业集合体内通常包含了数十个甚至数百个零售和服务场所，业态涵盖大型综合超市、专卖店、餐饮店、日用杂物店以及娱乐健身休闲场所等。

实训任务流程

（1）到达商业集合体，明确实训任务，各小组进行头脑风暴（10 分钟）。

（2）各小组按自定的品牌计划参观相关卖场，主动与卖场人员互动（20 分钟）。

（3）观察练习：对品牌店面和竞品店面内的顾客行为进行观察分析（20 分钟）。

（4）调研环节：各小组结合自己的研究需求自主访问品牌用户或竞品用户（30 分钟）。

（5）收集整理课后资料：利用数据库、图书馆等资源进行资料查阅，完成数据分析。

实训要求

（1）积极参与，不得无故缺席。

（2）做好课前预习，独立思考，准备好自己的问题。

（3）做好笔记，积极互动，勇于提问。

（4）提交校外实训小结。

实训操作流程

（1）各小组进行头脑风暴，选定共同感兴趣的、在本地卖场能够见到的品牌。

头脑风暴往往分为两个阶段：第一个阶段是意见搜集阶段。在此阶段，小组所有人要坚持以下准则：每个成员按顺序提名自己感兴趣的品牌，保证每个人都有机会发言；参与者只需提名，不需要考虑对错或可行性；任何人不能对他人意见进行评判。第二阶段为选择品牌可行性研究阶段。小组所有人针对被提名的所有品牌进行分析和评判，去掉那些显然不可行的，留下可以进一步尝试的或直接决定采用某个品牌。在整个头脑风暴过程中要有一人做主持人，一人做记录。

小组成员提名的品牌	可行性

最终确定的品牌：________________________________

（2）确定所选品牌的竞品，小组成员在同一时间段进行品牌走访并汇总信息。

调研项目	小组品牌	竞品 1	竞品 2
店面的位置			
店面的装修风格			
店面的人流量			
产品包装			
店员人数、统一着装情况			
店员的接待水平和态度			
店员的销售技巧			
店员的工作效率			
是否有品牌周边产品，销售情况如何			
店员空闲时间的行为			
店内的音乐风格			
顾客停留时长			

（3）在走访的基础上总结品牌的市场生存状态，并尝试找出品牌在市场中存在的问题，说明问题的成因，并尝试找到通过广告解决问题的方案。

问题	成因	解决方案

（4）顾客访问表。在 20 分钟内，每个小组成员独立访问 5 个以上的样本，小组累计访问 20 个以上的样本，按要点提问并记录，最后汇总。

访问要点	小组品牌	竞品 1	竞品 2
品牌回忆			
品牌识别			
品牌认同			
品牌形象			
品牌信任			
品牌忠诚			
顾客特征、购买时间、决策细节、促销的影响			

（5）数据分析。将汇总的样本信息进行整理，并进行数据分析。

品牌数据	分析
品牌所属行业的规模	
品牌所属行业的发展趋势	
品牌线下市场的规模	
品牌线上市场的规模	
品牌所属行业的市场集中度	
品牌的上下游构成	
品牌的竞争对手	
品牌的潜在替代者	
品牌的细分市场描述	
品牌的价值主张	
品牌的渠道通路	
品牌的合作伙伴（现有的或潜在的）	
品牌的布局策略	

（6）记录核心问题。在品牌检验时会发现许多问题，但往往有一个核心问题对品牌的发展至关重要，试着根据调研结果对小组品牌进行总结。

核心问题：

品牌总结：

任务三

课后练习

网络辅助学习

1. 资料的收集和使用

进行品牌调研时需要学会熟练运用搜索引擎，要尊重数据，学会解读行业报告。各小组利用下面的渠道收集与品牌相关的行业报告及资讯，得出一个较为权威的品牌评估结论，打印或填写在下面空白处。

- 易观智库：http://www.analysys.cn
- 企鹅智酷：http://re.qq.com
- 艾瑞咨询：http://www.iresearch.com.cn
- 虎嗅网：https://www.huxiu.com
- 梅花网：http://www.meihua.info
- TalkingData：http://www.talkingdata.com
- 百度统计：http://tongji.baidu.com/web/welcome/login
- 百度指数：http://index.baidu.com/?from=pinzhuan

搜集服务品牌竞争对手广告的情况并填写下表。

广告投放量	
广告排期	
广告定位	
诉求重点	
作品风格	
广告更换频率	
代言人	
媒体组合	

2. 品牌调研的其他参考指标

关于品牌调研的其他参考指标，如表 4-2 所示。

表 4-2　品牌调研参考指标

调研指标	具体内容
营销环境调查	政治法律环境、人口环境、经济环境、自然地理环境、社会文化环境
产品调查	产品历史、产品个性、产品附加信息、产品销售服务信息、产品相关信息（定位、地位、周期等）
竞争状况调查	行业竞争情况、竞争对手基本情况、竞争对手经营情况、竞争对手宣传情况

盲目相信调查结果往往容易得出错误结论。如对 16 个样本进行调查，其中 13 个样本的用户表达了否定的态度，是否就能说明 80% 的用户都持否定态度？写下你的判断。

小组练习

得到资料只是调研的第一步，关键是要在分析资料的基础上找到品牌现存的问题，分析问题成因并提出可能的解决方案，这是广告主需要品牌服务最根本的原因。在下表中填写小组品牌存在的问题，分析问题并提出相应的解决方案。

品牌现存问题	问题分析	解决方案

拓展阅读与练习

案例：喜茶与奈雪的茶的中式茶饮之路

新消费浪潮的兴起使新中式茶饮成为消费者关注的焦点。#秋天的第一杯奶茶#话题一经推出，全网跟风，话题网络关注人次达25亿，足以证明新中式茶饮市场的火爆。根据企查查公布的《近十年茶饮品牌投融资数据报告》，2016—2021年上半年，茶饮品牌发生的投资、融资事件共计78起，其中奈雪的茶、喜茶等头部品牌完成了多轮融资，古茗、七分甜、伏小桃等腰部品牌也获得了资本青睐。在资本和市场的共同催化下，各个新中式茶饮品牌如雨后春笋般冒出，相关企业注册量飞速增长，仅2021年前4个月就达到了2.84万家，千亿市场规模已初具雏形。

资本对喜茶（见图4-19、图4-20、图4-21）十分青睐，认为喜茶是具有较为领先的审美和具备价值观输出能力的品牌，有跨越品类的潜力。喜茶的品牌影响力主要来源于层出不穷的品牌联名，从多芬、茶颜悦色，到江南百景图、爱彼迎，喜茶的联名范围已覆盖了吃喝玩乐各种场景。据不完全统计，自2017年以来，喜茶已进行超80次联名，俨然已成为一个文化符号和社交密码。在资本和品牌力的加持下，喜茶还推出了子品牌喜小茶（见图4-22），向中低端品牌发起挑战。在营销上，喜小茶也选择以联名的方式打开市场，目前已牵手五菱宏光地摊车、藤原豆腐店等IP。根据2019年的数据，创立一年以来，喜小茶已开了22家门店，全年卖出饮品超280万杯。

图4-19　喜茶logo

图4-20　喜茶招牌产品图

图 4-21　喜茶门店实景图

图 4-22　喜茶子品牌喜小茶

- 喜茶总部：深圳。
- 人均价：31 元 / 人，定位高端人群。
- 主要产品：芝士茗茶、莓莓芒芒家族、满杯水果家族等经典饮品，以及瓶装气泡水。
- 门店布局：已布局海内外 60 多个城市，拥有 700 多家门店。
- 融资情况：获得了来自 IDG 资本、红杉资本、高瓴资本等的投资。

喜茶的直接竞争对手是奈雪的茶（见图 4-23、图 4-24、图 4-25）。奈雪的茶成立于 2015 年，定位于打造女性的第三休闲空间，凭借着“茶 + 欧包”的双线产品模式迅速站稳脚跟。奈雪的茶将自身定位为茶文化公司，通过持续输出茶文化内容和高频率上新，形成品牌护城河。

2017 年，奈雪的茶率先迈开了“全国城市拓展计划”的步伐，通过发挥门店优势，从周边产品、酒类饮品、新式烘焙等方向布局品牌业态。2020 年，奈雪的茶再次开出全新型门店“奈雪的茶 PRO”，进驻一线城市商务办公区、高密度社区，推出了茶饮、咖啡、烘焙、零食四大产品类型，进一步布局消费者全时段、多消费场景。因为明确了发展思路，奈雪的茶发展迅猛，从奈雪的茶发布的首份财报来看，2020 年营收 21 亿元和净利润 4 820 万元的成绩甚为可观。在部分城市，奈雪的茶甚至挑战了酒吧模式（见图 4-26），但由于和主业风格差异过大，目前尚未看到成功案例。

- 奈雪的茶总部：深圳。
- 人均价：34 元 / 人，定位高端人群。
- 主要产品：霸气鲜果茶、芝士奶盖茶、现粹茶、冷泡茶，以及嘟嘟包、咩咩包等软欧包。
- 门店布局：截至 2021 年上半年，已在 70 个城市开设了超 550 家门店。
- 融资情况：先后获得天图资本连续 3 轮融资、深创投领投的 1 亿元 B 轮融资，以及 2021 年年初的 1 亿美元 C 轮融资。上市前还获得瑞银集团、广发基金等机构的战略融资。

图 4-23　奈雪的茶 logo

图 4-24　奈雪的茶门店实景图

图 4-25　奈雪的茶招牌产品图

图 4-26　奈雪的茶酒吧实景图

通过消费者调研和店面走访，体会新中式茶饮的销售现状。

找到新中式茶饮市场中现存的问题并列举出来。

找到可以通过广告解决的核心问题并列举出来。

核心问题	

列举三个以上可能的解决方案。

解决方案 1	解决方案 2	解决方案 3

相关知识链接

黄升民，段晶晶 . 广告策划 [M]. 3 版 . 北京：中国传媒大学出版社，2018.
佘颖 . 这个玩偶的“钞”能力从何而来 [N]. 经济日报，2022-01-05(5).
李中莹，舒瀚霆 . 心智力：商业奇迹的底层思维 [M]. 北京：电子工业出版社，2018.

项目五

广告策划实务之消费者研究

教学要求

利用有效的消费者研究方法与市场调查手段完成消费者研究，培养信息筛选与解读能力，理解消费者研究在广告策划中的重要性。

教学方法

以引导探究为主的探究法；以实际训练为主的练习法；实验法

开篇案例

麦当劳之“电竞校园行”

2021 年 6 月，由麦麦脆汁鸡（见图 5-1）冠名的《小嘴抹了蜜》在斗鱼官方直播间上线，聚集了若风、微笑、大司马、骆歆等知名电竞大咖，搭档了杨迪等人气主持。在六期选题精准洞察了电竞圈层的文化特质与触动点，节目中爆笑金句频现的同时，也引发了泛电竞群体的进一步思考。麦麦脆汁鸡也借助节目的热播在电竞圈层中进行了一次年轻化沟通。

图 5-1　麦麦脆汁鸡广告宣传图

在当下的媒体环境中，年轻化营销是一个日益复杂的系统工程。比起简单改变产品外包装、邀请年轻明星代言，更重要的是真正理解年轻人的价值偏好、行为态度及心理诉求，从品牌、产品、创意、渠道等多个维度共同发力，把握住尽可能多的用户，赢得年轻人发自内心的认同。2021 年的麦当劳“电竞校园行”派出的是 2020 年 4 月刚刚上市的“麦麦脆汁鸡”（见图 5-2），这是麦当劳（中国）近年来最重要的新品。

图 5-2　麦麦脆汁鸡“电竞校园行”活动

用这款产品开展电竞营销（见图 5-3），是因为麦麦脆汁鸡的产品定位与电竞精神内核的高契合度。以活动标语“一口脆汁鸡，这局我必 C”为例，巧妙借助电竞术语一语双关了产品精神与电竞流行梗——麦麦脆汁鸡挑战传统炸鸡产品，与电竞新选手敢于挑战老选手、新战队敢于挑战老战队的挑战者精神高度匹配。

图 5-3　麦麦脆汁鸡“校园行”电竞赛

同时，二者都具有年轻化属性。麦麦脆汁鸡是一款主要面向新世代的产品，从诞生之初就非常注重与年轻人的互动。比如，2020 年就将新品发布会这样的重磅活动放在年轻人聚集的哔哩哔哩弹幕视频网（B 站）。再如这次校园行中细节满分的互动装置设计：针对场外场景，设计了麦麦脆汁鸡风格的抓娃娃机、峡谷答题、空中闯关等体验类项目，以吸引尽可能广泛的校园人群前来打卡和拍照分享；麦麦脆汁鸡系列也被做成了炸鸡桶、鸡腿等非常有趣的抱枕，既是道具也是奖品，从而很自然地使产品贯穿于电竞校园行的每个环节——在麦麦脆汁鸡与年轻人玩在一起的过程中，无形地强化受众对产品的记忆和认知。

如今，不论是快消品还是耐消品，品牌想要做出广受当代年轻人喜爱的活动，仅沿用“你讲我听”的传统企业宣讲形式恐怕行不通，需要用心设计更多符合他们娱乐偏好、社交分享偏好的互动环节，与他们真正玩在一起才能赢得他们的好感和认同。麦当劳的这次“电竞校园行”活动为传统品牌做出了优秀示范。

思考与讨论

（1）请根据案例对你眼中的“年轻人”进行特征描述。

年龄	
职业	
教育水平	
收入状况	
娱乐偏好	
消费特征	
社交行为	
品牌偏好	
其他	

（2）请在下面的方框中为“泛电竞群体”进行用户画像。

（3）青山资本认为中国的Z世代群体是年轻人的主力军，他们出生于1998—2014年。请课后阅读《青山资本2021年中消费报告》《2021青年消费调查报告》，结合案例中提到的麦当劳年轻化营销战略，在下面的方框中记录你的思考和评论。

背景知识

1. 消费者分类方法

（1）按不同地理位置细分，兼顾行政区划和气候差异。

（2）按人口统计学指标细分，包括年龄、性别、收入、受教育水平与职业等。

（3）按消费心理与生活方式细分，包括社会阶层、生活方式、个性、价值观等。

（4）按消费行为细分，按使用频率、使用者类型、利益类型、购买时机类型细分。

2. 消费者选择清单

表 5-1 给出了消费者选择清单中的具体项目。

表 5-1 消费者选择清单

目标消费者是谁？在哪里？
划分消费者的标准：规模、产品类型、使用频率、购买频率
谁使用产品？谁购买产品？谁决定产品的购买？
购买过程和决策过程如何？
消费者类型划分：职业、年龄、性别、地区、社会、经济水平
消费者行为特征 / 消费者态度 / 消费者生活方式
是否属于细分市场？市场购买力如何？与目标市场是否一致？
是否有重度、中度和轻度使用者？发展趋势如何？
是否有消费者区隔？目标消费者的特殊之处何在？

3. 目标消费者与实际消费者的关系

表 5-2 说明了目标消费者与实际消费者的关系。

表 5-2 目标消费者与实际消费者的关系

关系状态		关系说明	备注
目标消费者（A）	实际消费者（B）		
等同关系		A=B	几乎不可能发生
特性一致关系		A<B	广告扩大了目标市场，吸引了目标消费者之外的同质群体
数量小于关系		A>B	尚有待开发的潜在消费者
相互交叉关系		A、B 出现交叉	目标消费者中有一部分未成为实际消费者；实际消费者中有一部分不是目标消费者
相互缺失关系		A、B 没有联系和共同特征	企业市场细分存在错误，或广告错误引导了消费者

任务一

课堂讲授与训练

知识点 5.1：消费者行为

消费者行为是指消费者为获取、使用、处理消费物品所进行的各种行动，以及事先决定这些行动的决策过程。品牌应结合消费者心理及消费观念等方面的相关信息，对消费者的各种行为进行全面分析。

案例与练习

麦当劳的安全宣传

新冠疫情期间，挪威麦当劳40%左右的单子都是顾客通过开车取餐的方式实现的。顾客在开车回家的路上，总会忍不住先吃一点，特别是诱人的炸薯条。麦当劳发起了一个名为“Eyes on the fries”的活动，以期提高人们对专心驾驶的重视。但这里的薯条并不是麦当劳的薯条，而是路上的“薯条”——单黄线和双黄线。在广告中，麦当劳选用不同的风景作为背景，突出了这条司机们需要一直注视的黄线（见图5-4）。除此之外，麦当劳还把这条黄线作为贴在外卖袋上的封条。同时，麦当劳与关注交通安全的公益组织合作，向更多人传达了专心驾驶的重要性。麦当劳挪威高级营销经理在一份声明中说：“人们很容易就能把路上的黄线和麦当劳的薯条联系在一起。作为世界上最知名的连锁餐厅，我们有责任向人们传递这样的信息，尤其是假期期间。”麦当劳的这项策划不仅宣传了交通安全的重要性，和公益组织的合作还提高了自己的影响力，而且大大宣传了自己的产品。它在疫情期间遵守防疫要求，把广告打在马路上和公交站台上（见图5-5），也会让很多人争相购买产品，有助于稳住回头客和吸引潜在用户。

图 5-4　麦当劳 Eyes on the fries 活动

图 5-5　麦当劳 Eyes on the fries 广告

结合消费者行为 6W 模式分析上面的案例，将结果填写在下表中。

what（市场需要什么）	
why（消费者为何购买）	
who（购买者是谁）	
how（如何购买）	
when（何时购买）	
where（在何处购买）	

思考与练习

现代人的工作和生活节奏加快，女性和男性同样面临各种压力，在各类影视剧中通过喝酒解压的场面屡见不鲜。由于过度饮酒对身体健康不利，明智的女性消费者更愿意追求一种微醺的感觉。根据你的调查和平时的观察，请在下表中对女性消费者的酒类产品消费行为进行简单分析。

消费者购买或使用什么产品或品牌?	
消费者购买或使用该产品的动机?	
在什么时候购买和使用?	
在什么地方购买和使用?	
购买和使用的场景?	
产品包装是否会对购买行为产生影响?	
产品价格是否会对购买或使用行为产生影响?	
购买和使用的数量是多少?	
从哪里获得产品 / 品牌的信息?	
明星代言是否更为有效?	

请用问卷星将上述问题设计为问卷，在线获取 50 个精准样本，将调研的数据与你的预想进行对比。

知识点 5.2：消费者购买决策过程

（1）问题确认。问题确认即在内外刺激下产生的购买动机。消费者的需求可以由自身的实际需要促成，也可以通过广告刺激产生。马斯洛的需求层次理论认为个体的需求是逐渐增加的，满足了基本的生存需求、安全需求后，个体才会有归属需求、发展需求乃至自我实现需求。从消费者的情况来看也是如此，恩格尔系数的高低直接反映了消费者的需求层次。

（2）信息搜集。消费者的信息搜集渠道与其日常的媒体使用习惯密切相关，因此为了触达目标消费者，需要深刻理解其媒体使用行为，品牌应在消费者能够接触到的媒体平台向其传递信息。家族成员的使用经验、自己的过往经历、他人的使用展示都是信息搜集的目标。

（3）评价比较。消费者对信息的评价比较有多种形式，且与商品或服务的价值和属性相关。如快消品领域常常会出现冲动消费，而对高价值商品如房地产的购买则会经历一个相当漫长的信息搜集和比较期。消费者可以通过专业网站、搜索引擎、亲友等多渠道获取评价信息。

（4）购买决策。消费者做出购买决策时会受到多种因素的影响，如情绪、时机、他人的鼓动等，但就广告的影响而言，消费者的购买决策与消费者在购买前接触到的品牌广告有明显的相关性。有的消费者会在访问品牌官方网站、参加品牌的促销活动、亲临线下体验店实际体验后才决定购买。

（5）购后行为。购买产品后，消费者会萌生满意或不满意的感觉。在数字时代来临之前，消费者通过与亲友的私下分享来表达对品牌的态度；而在数字时代，消费者则在网络上通过留言或者评论等方式与更多的陌生人分享对某品牌的评价，许多乐于分享的消费者会结合自己的实际使用体验给出反馈。

★ 补充知识点：消费者的需要、欲望和需求

需要是指人缺乏某些基本满足物时的感受状态；欲望是指人想得到某些超乎实际的满足物时的愿望；需求是指人对具有支付能力的并且愿意购买的某个具体满足

物。举例来说，王先生需要一辆代步车，这是他因为交通不便，出于通勤目的而产生的需要；他想买一辆豪车，这是他目前的经济水平无法满足的欲望；最终他通过寻找经济实用的品牌满足了自己的需求。事实上，消费者对某些产品的需求是可有可无的，这就需要对消费者进行刺激，让其产生购买冲动。当人们把钻石和爱情持续联系到一起时，本来可有可无的钻戒就成了忠贞爱情的信物，代表了一种承诺，随之成为结婚男女的必需品。

案例与练习

Skip the dishes（跳过洗碗）

将脏兮兮的碟子、叉子、餐布等餐具设计成麦当劳的巨无霸汉堡、薯条、圣代，再配上右下角“McDelivery”（麦当劳外送服务）的文案，意味着只要点麦当劳外卖就不需要自己洗碗了（见图 5-6）。将顾客心理融入广告中，可能会吸引更多有同样需求的消费者。

图 5-6　麦当劳外送服务 McDelivery 广告

请对此案例进行简单的评价，并分析此策划方案是否适宜在中国实施。

王老吉"百家姓"版本姓氏图腾罐

2022 年年初，王老吉推出"百家姓"版本姓氏图腾罐，除了原版本的"王老吉"，还发布了包括"诸葛老吉""欧阳老吉""李老吉"在内的百余种姓氏的"老吉"罐（见图 5-7）。话题 # 王老吉新出了百家姓版本 # 直接冲上热搜，基本上所有姓氏都一夜断货。

图 5-7　王老吉百家姓版本"老吉"罐

根据你对凉茶王老吉品牌的了解，请在下表中填写其推出新包装时所针对的消费者定位因素。

地域因素（行政区划等）	
人口统计学因素（年龄、性别、教育水平、收入等）	
心理因素（个性、价值观等）	
消费者行为因素（频率、购买时机）	

知识点 5.3：消费者在不同人生阶段的消费行为特征

关于不同年龄段消费者需求偏好，如表 5-3 所示。

表 5-3　不同年龄段消费者的需求偏好

单身阶段	消费观念超前，追求享乐
新婚阶段	经济实力较强，家庭建设需求高
少子阶段	大宗购买增加，注重品牌
多子阶段	消费慎重，教育投入增加
子女离家未独立阶段	经济状况较好，耐用消费品购买增加
子女离家且独立阶段	经济状况最好，娱乐和奢侈品支出增加
退休阶段	收入减少，消费谨慎，保健品消费增加
鳏寡独居阶段	消费减少，以必需品消费为主

案例与练习

百事可乐："续命水"

这则百事可乐创意广告形象地诠释了网络上的热词"续命水"，使用输液袋来合理夸张可乐给人带来的快乐以及表现喝了可乐后会获得更多活力（见图 5-8）。主题贴近消费者，颇能吸引眼球。

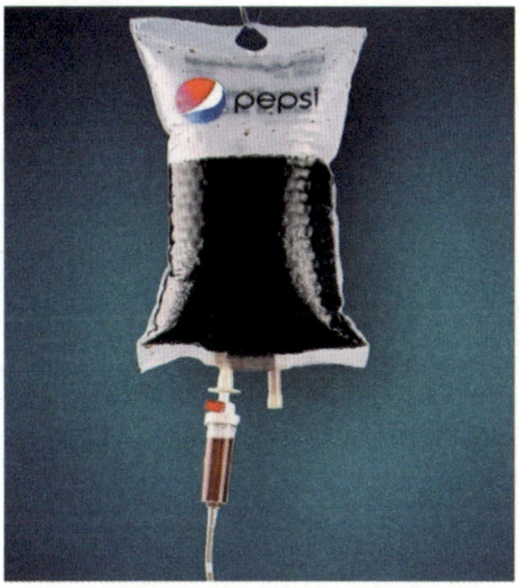

图 5-8　百事可乐"续命水"创意广告

请结合此案例在下面的方框中填写你对此策划方案的评价，如能否在中国推广此策划方案？中国消费者会不会喜欢这个搞怪的设计？

知识点 5.4：消费者研究技术

消费者研究技术包括以下几类：

（1）定性分析技术：焦点小组、投影法、观察法、实验法等。

（2）定量分析技术：聚类分析、回归分析、因子分析、相关分析、方差分析、对应分析、判别分析与结合分析等。

（3）市场分析技术：需求与效能匹配矩阵，职业、收入与消费成长模型等。

★ 补充知识点：消费群体质量评估指标

（1）消费群体人口数量，规模过小则不能保证利润。

（2）消费支出能力。

（3）消费者地理分布密度。

（4）群体特征误差。

（5）产品需求的强度和持续性。

（6）品牌忠诚度。

思考与练习

尝试访问和使用图 5-9 中列出的数据平台来分析当前越来越受关注的银发经济现象，结合独立的消费者调研，比对大数据报告的结论与小组线下调研结论之间的差异。从以下选题中任选一个进行研究：

（1）银发族的海内外旅游需求。

（2）银发族的化妆品需求。

（3）银发族的健身需求。

（4）银发族的家居改造需求。

（5）银发族的娱乐需求。

图 5-9　消费者数据平台

在下面的方框中填写你的研究结论。

任务二

校外实训

实训任务：在卖场实地进行消费者调研，了解消费者的变化与市场态势，尽可能多地收集目标消费者的资料，明确品牌表现与消费者对品牌的接纳度的关系。在完成后期数据分析后，得出消费者调研结论。

实训场地要求

以大型购物中心为首选，根据各地实际情况选择综合性卖场。基本要求是选择一个建筑物内或一个商业体内能集中多种零售店铺、服务设施，且能为消费者提供综合性服务的商业集合体。这种商业集合体内通常包含了数十个甚至数百个零售和服务场所，业态涵盖大型综合超市、专卖店、餐饮店、日用杂物店以及娱乐健身休闲场所等。一站式服务能够保证消费者有较长的停留时间。

实训任务流程

（1）到达购物中心，明确实训任务（10 分钟）。

（2）观察练习：对品牌的目标消费者的行为进行观察并记录（20 分钟）。

（3）各小组按自定的品牌计划寻找目标消费者，并与 5 名以上的目标消费者互动（20 分钟）。

（4）调研环节：各小组结合自己准备的问题自主对 2 ～ 3 名消费者进行深度访谈（30 分钟）。

（5）课后资料收集整理：利用数据库、图书馆等资源查阅与目标消费者相关的报告和数据；总结消费者画像；业界导师点评数据应用成果；完成消费者数据分析。

背景知识

问题清单设计要点包括：

- 问题不应该假设不明显存在的标准。
- 问题不应该超越受众的能力和经历。
- 问题不应该用特例来代表普遍状况。
- 受众只记得大概情况时，不应追求细节。
- 问题不应该要求受众通过推断来猜测答案。
- 不应该过多询问无关问题。
- 问题中不应该使用夸张的词语。

- 问题中不应该使用有歧义的词语。
- 不应该将两个问题合二为一。
- 不应该引导受众得出特定结论。
- 问题不应该有暗示性。

实训要求

（1）积极参与，不得无故缺席。

（2）做好课前预习，独立思考，准备好自己的问题。

（3）做好笔记，积极互动，勇于提问。

（4）提交校外实训小结。

实训操作流程

（1）小组分工，确定统一的采样标准，确定访谈的基本问题清单。为提高工作效率，确认小组成员的分工。

（2）自主观察和记录消费者行为，对其中一些特殊的行为进行记录，并在后期访谈中求证。

目标消费者特征	
实际消费者特征	
消费者是否冲动消费	
消费决策时长	
消费决策是否受销售人员影响	
卖场广告是否影响消费决策	
其他	

（3）通过与典型消费者互动补充深层次行为信息，将相关信息记录在下表中（消费者了解品牌的渠道包括广告、朋友推荐、销售人员推荐、新闻、样品试用等多种形式）。

对该品牌的消费习惯	
对该品牌的消费频率	
对品牌定价的接受度	
对品牌形象的认可度	
对品牌代言人的好恶	
购买该品牌的原因	
对品牌广告的喜恶	
是否推荐朋友购买此品牌（如分享到朋友圈）	

社交应用推荐如短视频平台、小红书等对品牌购买的影响	
品牌忠诚度	
其他	

（4）在品牌店铺外拦截已完成购物的消费者，对其进行深度访谈。要注意记录，更要注意启发消费者自主表达意见，挖掘更深层的消费动机。

对购买决策有重大影响的信息	
在哪些媒体看到该信息	
信息对你的触动	
是否为自己购买	
是否了解类似品牌？能否举例？	
影响你做出购买决策的人	
是否冲动消费	
不考虑竞品的理由	

（5）根据调研结果，制作消费者决策鱼骨图。鱼骨图又称因果流程图，是发现问题产生原因的一种分析方法（见图 5-10）。先画鱼尾，以消费者的决策动机为起点；从鱼尾出发画出大骨，标明消费者决策过程中的主要影响因素；画出骨架中的中骨和小骨，填写消费者决策过程中的细节；最后画鱼头，得出消费者决策的结果；用特殊符号标记需要关注的一些细节问题。

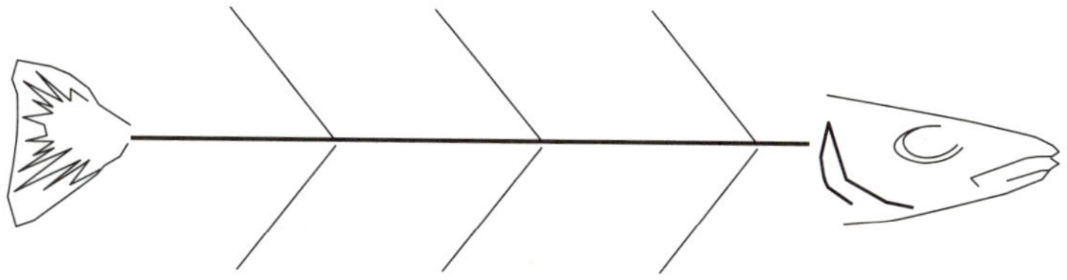

图 5-10　鱼骨图

任务三 课后练习

网络辅助学习

请将“宅女”与不同商品间的关系用至少一种视觉化的方式表达出来，将结果打印出来贴在下面的空白处。

拓展阅读与练习

案例 1：小米 CIVI

2021 年 9 月 22 日上午，小米正式官宣小米手机新系列“CIVI”。结合之前的消息，“CIVI”系列可能是对“CC”系列的延续和升级，主打时尚多元的设计、创新的影像科技，目标人群是每一个悦己、自信的年轻人，定位于探索自我与生俱来的精彩。消费者可以在外观和摄像功能方面有所期待。2021 年 9 月 27 日小米召开标语为“天生好看”的新品发布会。

CIVI 的海报中，出镜的两只手明显是女孩子的纤纤细手，体现了“天生好看”这个要点，以及时尚多元的设计、创新的影像科技。CIVI 用来接替 CC 系列产品，主打女性市场，以轻薄、时尚、自拍作为主要卖点。综上，小米这个系列的手机把精力更多地放在了外观和影像系统上（见图 5-11）。

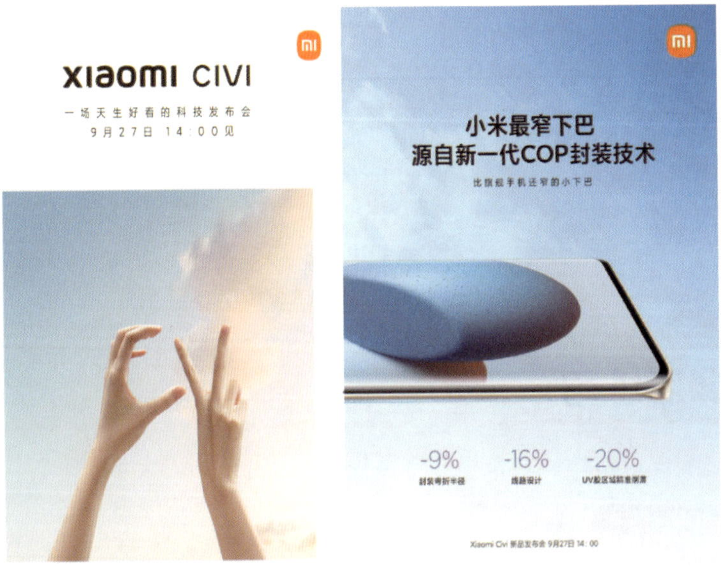

图 5-11　小米手机“CIVI”发布会海报

杨倩因在东京奥运会获得首金后的比心动作出圈，成为奥运会上靓丽的风景，和小米 CIVI 的“天生好看”主题契合，因此品牌邀请杨倩来担任 CIVI 系列品牌代言人（见图 5-12）。杨倩靓丽的外形、青春活力的形象让人印象深刻，她在奥运会赛场上化着淡妆、手上做了珍珠美甲的爱美形象深入人心，打破了人们对运动员低调内敛的刻板印象。小米以往将主力用户定位为男性，以技术著称，而 CIVI 系列追求精致感，拥有超窄的边框，屏幕底边首次缩减到 2.55 毫米。更小半径的屏幕弯折，更密闭无缝的线路设计，减薄 20% 的 UV 粘胶厚度，主打美颜等功能，将设计感体现得淋漓尽致。因此，CIVI 系列的定位“天生好看”，和杨倩的精致、爱美、奥运首金等标签高度契合。

图 5-12　小米 CIVI 宣传海报

小清新风格的宣传广告，将冠军的健康“好看”的优质形象、自信乐观的精神气质和品牌相结合，应用自述式的话语引导观众的情绪，将好看和自信引申为每个普通人认真做一件事时就是最好看、最自信的，以此唤起更多人的共鸣。

（1）根据课堂所学知识点，结合案例，对案例中小米 CIVI 系列产品的目标消费者进行画像。

（2）根据小米 CIVI 系列产品的消费者特征，为其量身设计有效的品牌接触点。

品牌接触点 1	
品牌接触点 2	
品牌接触点 3	
品牌接触点 4	
品牌接触点 5	

（3）一向追求技术性价比的小米也开始关注女性消费者的兴趣爱好，为其量身打造产品，结合“她经济”时代的相关资料，思考现代女性消费者的重要性。

案例 2：碧桂园“一日谈”

过去数年间碧桂园一直存在负面新闻，在网络上时常被恶意抹黑，品牌形象受到了一定影响。面对日益激烈的市场竞争，品牌亟须扭转形象，通过重塑品牌形象来提升其行业龙头地位的权威性和口碑。为此，碧桂园希望通过有效的活动和内容策划，在网络上潜移默化地影响用户对碧桂园的认知，通过软性的内容植入而非直接的广告，来让市场进一步认识碧桂园。

碧桂园通过百度大数据发现，其目标受众在 25～45 岁，以男性为主，集中在二、三、四线城市。目标人群多为已经成家立业的青年，他们对人生有所思考，有所感悟，同时希望通过自身努力让家庭更加安稳幸福。有鉴于此，碧桂园将准备传播的视频内容定义为适合在网络传播的 35 分钟一期的访谈节目，并且要贴合碧桂园目标受众的生活实际。策划的主题与“建筑审美”“孩子教育”“生活感悟”等相关，借此吸引更多目标人群观看视频内容，并希望目标人群能够从中感受到碧桂园所带来的对社会和人生的思考与自己的生活息息相关，从而产生共鸣。

碧桂园结合品牌公关需求和目标人群的特征，以“一天思考一个话题”的节奏，以文化纪实访谈类节目的形式，用“人文关怀”及“深度思考”的方式制作了六期节目，通过六位当代文化艺术领域的思想者发出提问，创造了谈论今日“良好生活”的另一种可能（见图 5-13）。

图 5-13　碧桂园嘉宾访谈节目

碧桂园与文化内容创作专业媒体机构“看理想”合作，把传播内容分成六期，每集 35 分钟（见图 5-14）。同时，针对互联网内容相对碎片化、随机性较强的特点，视频由多个短小的片段组成，尽可能地让观众在任何一个时段看视频，都能看到完整的内容，并产生思考和触动。

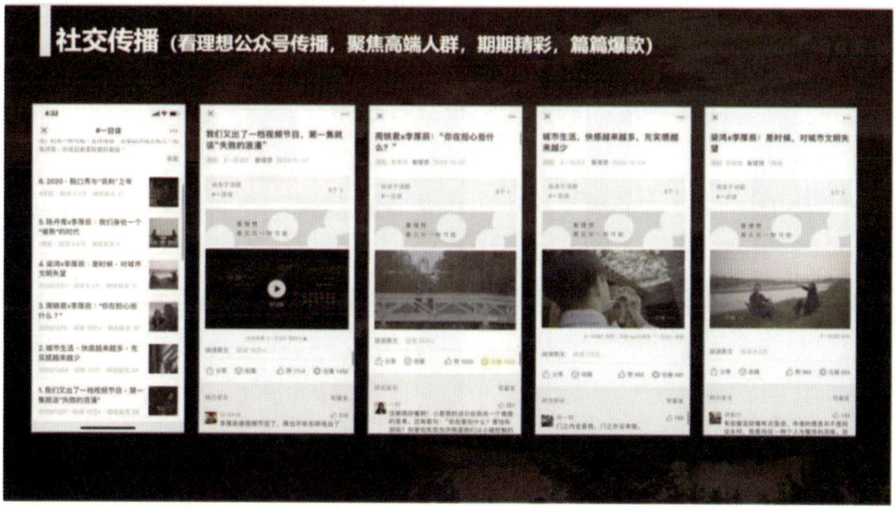

图 5-14　“看理想”公众号“一日谈”栏目内容

在内容制作方面，与“看理想”平台合作，能保证制作的专业性。在访谈嘉宾方面，特意安排与目标受众的思想碰撞和关注焦点最为贴合的嘉宾。主持人李厚辰与梁文道、青山周平、周轶君、梁鸿、陈丹青和周奇墨这六位当代文化艺术领域的思想者对谈，共同探讨人生感悟和对生命的思考。在讨论主题的设计方面，软性融入与碧桂园房地产建筑相关的家、建筑风格与人文素养等关联的主题，以此引起目标受众的共鸣，从而使其对碧桂园的人文情愫产生自然联想，达到提升碧桂园在目标人群中的品牌形象的目的。宣传和推广平台为百度 App、看理想 App、微博、微信公众号、视频号、B 站、抖音等，实现了全媒体曝光（见图 5-15）。

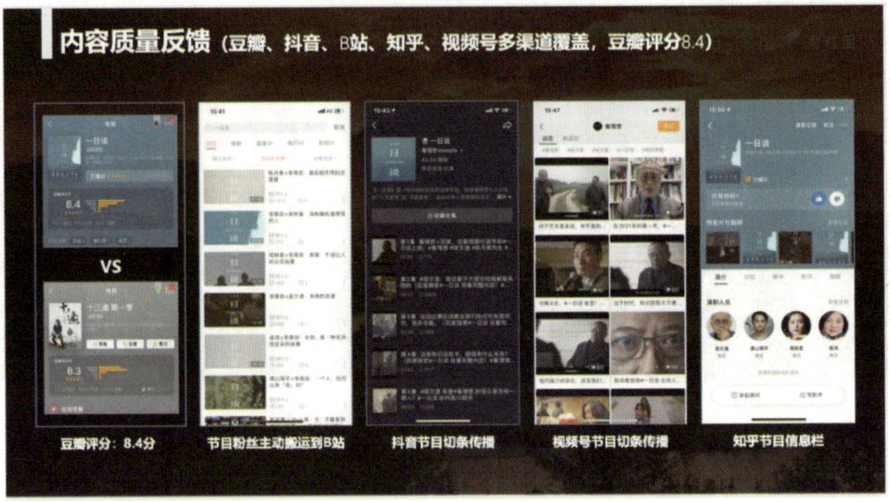

图 5-15 “一日谈”在多平台的内容质量反馈情况

最后，该项目取得了较好的品牌传播效果。在内容传播数据上：视频播放量为 1 790 万，百度话题阅读量为 2 777 万，豆瓣评分 8.4 分，微博话题阅读量为 314 万，获赞 29.1 万个。碧桂园的正向品牌相关舆情指数上涨 100%+，碧桂园品牌形象得到了有效提升，其品牌内涵和人文精神通过访谈内容更广泛地被目标人群认知。与期初目标相比，碧桂园品牌曝光次数达标率为 110%，流量干预及推送次数相比预期完成了 216%。

谈谈碧桂园通过“一日谈”系列赢得消费者的成功之处，是否还有可优化的部分？

案例 3：消费场景延伸 进军职场的 RIO 微醺

说起 RIO 微醺，你想到的是什么？

周冬雨、女性、一个人的小酒、小情绪……

最近的案例革新了人们对 RIO 微醺的认知。

RIO 微醺系列广告海报

从周冬雨《空巢独饮万岁》，再到 # 微醺职场社会学 #，RIO 微醺开始将“一个人的小酒”延伸到职场场景，打破了 RIO 微醺以往强调女生小情绪的固有标签，扩大了消费者的饮用场景，提升了消费者的行动力。不走小情绪的 RIO 微醺，捧出了一群职场小白。RIO 微醺聚焦职场小白群体后，也实现了一次自身角色转化：从单一的陪伴者，转化为一个群体的支持者，还引发了一个群体的情绪共鸣，收到了一张好人卡。

“95 后”与“00 后”的消费者更关注情感消费，能够唤起他们情感共鸣，品牌就成功了一半。这一代年轻人热衷于分享，愿意与自己的朋友共享体验。当品牌能够了解他们的生活，与其共情时，就赢得了消费者。从更广泛的视角来看，在产品日趋同质化的年代，消费者选择品牌时很多时候是在选代言人。消费者乐于为自己心仪的偶像买单，从玩具到酒精饮料，来者不拒，将自己的消费变成对偶像的支持。根据自己的产品特征选择合适的代言人成为广告主需要慎重决定的选题。

微醺对消费者的洞察是否准确？能否使其产生共鸣？请在下面表格中写出你的评价。

新鲜性	
共鸣性	
关联性	

小组练习

（1）消费者的角色在新的时代已经发生了重大变化，思考这些变化表现在哪些方面？

（2）对品牌而言，和消费者建立积极的关系比新品开发更为重要，请思考蜜雪冰城等品牌的操作逻辑。

（3）代言人对消费者意义重大，但一旦出现负面新闻，对品牌打击也更大。请思考虚拟代言人的可行性，并讨论在真人代言难以被完全取代的前提下，如何更好地使用代言人。

（4）品牌是否一定要积极迎合消费者对定制的喜爱？

相关知识链接

克洛，巴克．广告、促销与整合营销传播：第 5 版．[M]. 应斌，王虹，等译．北京：清华大学出版社，2012.

黄升民，段晶晶．广告策划 [M]. 3 版．北京：中国传媒大学出版社，2018.

青山资本2021年中消费报告[EB/OL].(2021-07-13)[2022-08-28]. **https://36kr.com/p/1310331587281670.**

2021 青年消费调查报告：我们总结了 7 个趋势 [EB/OL].(2021-06-29)[2022-08-15]. https://36kr.com/p/1288925970050821.

项目六

广告策划实务之创意开发

教学要求

通过实操，掌握策略分析的步骤，学习创意开发的方法与手段，训练团队的思维能力与协作能力。

教学方法

以实际训练为主的练习法；实验法；实习作业法

开篇案例

中国银联“诗歌 POS 机”让山里的才华被看见

中国山区约有 697 万名农村留守儿童，人们对这些孩子的认知还停留在落后贫困、老实笨拙的刻板印象中。但事实上，他们对生活充满热情，能写出动人的诗歌。中国银联关注到了这个群体，希望外界看到大山里孩子们的才华，于是策划了这个诗歌 POS 机计划。

2019 年 7 月 15—29 日，上海陆家嘴地铁站出现了 15 台会吐诗歌的 POS 机（见图 6-1）。诗歌里描绘了孩子们生活的世界和希望的世界，那份特有的天真让来往匆匆的路人不由地停下了步伐。

图 6-1 中国银联“大山里的小诗人”活动视频截图

路过的行人只要现场用手机绑定银联卡并捐赠 1 元钱，就能得到一张小票，上面打印着一首山里的孩子写的诗（见图 6-2、图 6-3、图 6-4）。这个活动得到了人们的强烈支持，成千上万的人参与了这个活动，表达了自己对山里孩子的关爱。

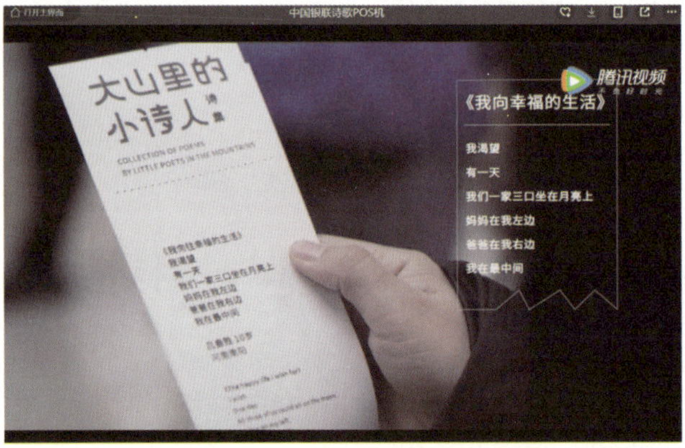

图 6-2　中国银联“大山里的小诗人”活动视频截图（1）

图 6-3　中国银联“大山里的小诗人”活动视频截图（2）

图 6-4　中国银联“大山里的小诗人”活动视频截图（3）

此活动的线上阅读量达 1.2 亿，对银联品牌形象的塑造起到了极大的推动作用。更重要的是，活动取得成功后，中国银联将孩子们的诗结集出版，2 000 多个孩子从此活动中受益。

背景知识：什么是创意

创意，英文为“creativity”“idea”，是创作、创制的意思。20世纪60年代，西方国家出现了“大创意”（the big creative idea）的概念，并且迅速流行开来。大卫·奥格威指出：“要吸引消费者的注意，同时让他们来买你的产品，非要有很好的特点不可，除非你的广告有很好的点子，不然它就像很快会被黑夜吞噬的船只。”奥格威所说的“点子”就是创意。

韦伯·扬在《产生创意的方法》一书中对创意的解释在广告界得到了比较普遍的认同，即创意是对各种旧要素的重新组合。广告中的创意，常常是具备生活与事件常识的人对来自产品的“特定要素”加以重新组合的结果。

所谓广告创意，从动态的角度看就是广告人员针对广告活动进行的创造性的思维活动；从静态的角度看，就是为了达到广告的目的，对未来广告的主题、内容和表现形式所提出的创造性想法。

思考与讨论

（1）了解创意开发的途径和基本方法。

（2）针对品牌灵活选择合适的创意。

（3）广告策划中创意开发与品牌推广间的关系应是怎样的？

（4）创意的普适性与新奇性之间应如何取舍？

（5）在关注普通民众生活的前提下，有无更好的创意？

小组讨论后，在下表中记录至少三个可能的角度。

1.
2.
3.

任务一

课堂讲授与训练

知识点 6.1：广告定位

创意开发的起点是精确的定位。广告定位是企业产品在消费者心目中占据位置，留下深刻印象的一种广告宣传和推销的手法。广告定位的主要理论如下：

USP 理论：20 世纪 50 年代左右，美国的罗瑟·瑞夫斯提出广告应有“独具特点的销售主张”。他主张广告要把注意力集中于商品的特点及消费者利益之上，强调在广告中要注意商品相对于竞品的差异，并将消费者最易接受的特点作为广告主题。他打造的著名案例是 M&M 巧克力豆的“只溶在口，不溶在手”（见图 6-5）。玛氏公司当时开发的新产品巧克力豆，是美国唯一用糖衣包裹的巧克力豆，不会轻易在手上融化，可以避免吃巧克力时弄脏手。

图 6-5　M&M 巧克力豆广告

BI 形象广告：20 世纪 50 年代以来，西方发达国家的生产力得到迅速发展，新产品不断涌现，同类产品在市场上的竞争十分激烈。此时期涌现出了一大批著名的广告人，其广告思想都以树立品牌形象为核心，客观上推动了企业营销活动的开展。这一时期最具代表性的人物就是被称为“形象时代建筑大师”的大卫·奥格威（见图 6-6），代表作是《穿哈萨威衬衫的男人》（见图 6-7）。他的名言是：“每一条广告都是对品牌印象的长期投资。”

广告定位：广告定位理论在 20 世纪 70 年代初期产生，在 80 年代中期达到顶峰，理论的核心是使商品在消费者心目中占据一个位置。正如艾·里斯和杰克·特劳特所指出的：广告已进入一个以定位策略为主的时代，“想在我们传播活动过多的社会中成功，一个公司必须在其潜在顾客的心智中创造一个位置”。广告定位在中国实践中的典型代表如王老吉的“怕上火，喝王老吉”定位；脑白金的“收礼只收脑白金”定位；元气森林打造的“0 糖、0 脂、0 卡”的健康饮料定位（见图 6-8）。

图 6-6　大卫 · 奥格威

图 6-7　哈萨威衬衫广告《穿哈萨威衬衫的男人》

图 6-8　元气森林气泡水

★ 补充知识点 6.1.1：广告定位的步骤

（1）细分市场。在进行市场细分时需要考虑地理环境因素、人口统计学因素、消费者心理因素、家庭因素等。

（2）选定目标市场，分析目标消费者。在对消费者进行分析时，着重分析消费者的信息接收心理。

（3）选择产品定位。在选择产品定位时，必须注意那些将在广告中出现的属性或特点，如感官效果、用途用法、品质、服务等；关注产品概念，明确卖点（有需求、能引起关注、具有相对差异性）；考虑表现概念（由点到面、多角度、多样性）；关注品牌形象。

（4）确定广告定位策略。广告定位也就是要找到所谓的“消费者购买的理由”。选择产品的一个或者几个重要的诉求点，依据消费者的信息接收心理，确定将要向目标受众传达信息的广告的定位。

★ 补充知识点 6.1.2：定位的一般策略

（1）按产品差异性定位，如 OPPO 的“充电 5 分钟，通话 2 小时”。

（2）按使用者定位，如农夫山泉的婴儿专用水。

（3）按使用时机定位，如“状态不对，脉动回来”。

（4）按产品类别定位，如“凉茶就是王老吉”。

（5）按产品历史定位，如“百年同仁堂”。

（6）按文化象征定位，如“国酒茅台”。

知识点 6.2：创意开发的原则

创意开发的要求一般包括简单明了、抽象、创新、实效、合法合宜。伯恩巴克的 ROI 理论指出创意要与产品有关联性、创意要有原创性、创意要有震撼性。要达成此目的需要回答如下五个问题。

（1）广告的目的是什么？

（2）广告做给谁看？

（3）有哪些可以做出广告承诺的竞争利益点？有哪些支撑点？

（4）品牌有什么独特的个性？

（5）选择什么媒体最合适？受众的突破口或切入口在哪里？

★ 补充知识点：实践中常见的广告创意开发原则

冲击性原则。令人眼花缭乱的广告要想迅速吸引人们的视线，在策划广告创意时就必须把提升视觉张力放在首位。照片是广告中常用的视觉元素。据统计，在美国、欧洲、日本等经济发达国家，95% 的平面视觉广告采用了摄影手段，如图 6-9 就用夸张的手法宣传了开车打电话的危害。

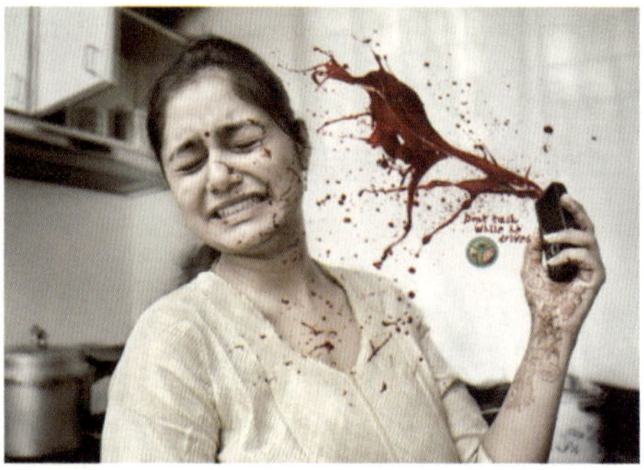

图 6-9　交通安全公益广告：不要在他开车时给他打电话

新奇性原则。新奇是广告作品引人注目的奥秘所在，也是一条不可忽视的广告创意规律。好的广告创意是将熟悉的事物进行巧妙组合从而达到新奇的传播效果。新奇性能使广告作品引人入胜；使广告主题得到深化；使广告创意获得更多的发展空间，也往往能帮助广告策划实现更好的效果。1934 年纽约一家百货商场发布了这样一则平面广告，标题是：“我们相信，在纽约至少有 500 个男人深爱着自己的妻子……并且愿意在复活节给她们奉上一束鲜花。”结果商场在 3 个小时内卖掉了 500 束鲜花，这条广告被评为年度最佳零售广告。

包容性原则。吸引人们眼球的是形式，打动人心的是内容。这就要求广告创意不能停留在表层，而要使“本质”通过“表象”显现出来，这样才能有效地触及受众内心深处的渴望。内衣品牌“内外”的广告《No Body Is Nobody——没有一种身材，是微不足道的》充分体现了这一原则。

拓展案例：“内外”内衣广告的包容性体现

渗透性原则。人最美好的感觉就是感动。感人心者，莫过于情。受众情感的变化必定会引起态度的变化，出色的广告创意往往把“以情动人”作为追求的目标。亲情、友情、爱情都在广告创意中被大量应用，中国文化提倡的“老吾老，以及人之老”的博爱精神在广告创意中也得到了展现，各类公益广告则引导受众从关心身边人到关心周围的社区直至关心地球环境（见图 6-10）。

图 6-10　关于汽车尾气污染的创意广告

拓展案例：甲壳虫汽车广告对简单性的体现

简单性原则。近年来，国际上越来越流行简单明快的创意风格。一个好的广告创意应该清晰、精练。经典的甲壳虫汽车广告做出了最好的示范。

案例与练习

百乐圆珠笔创意广告

一支笔、一条线、无穷的创意，来自日本百乐 Acro ball 炫滑圆珠笔的广告《Beauty of line》（见图 6-11）。生活在现代都市的人们对瞬间的中断非常敏感，这是因为他们无论在生理上还是在心理上都一直处于焦虑不安中。而 Acro ball 画出的线条与日常风景的运动轨迹二者无缝连接的影像，给人一种毫无中断的平滑体验。

虽然只是用轻快的钢琴曲作为背景音乐，没有一句文案，视频也只有短短的 50 多秒，但你却能真切地感受到用百乐笔书写文字时的顺滑体验。视频以一支笔画出的流畅线条为依托，从一只被扔出去的纸飞机开始，用线条衔接下面的各个场景，以运动轨迹表现百乐笔画出的这一流畅线条，每一根线条都与一个现实场景融合得十分流畅，让观众在感到心情舒畅的同时也感受到产品所带来的美好书写体验。该作品在第三届 BOVA（Brain Online Video Award）中获奖。

图 6-11　日本百乐创意广告《Beauty of line》视频截图

结合创意开发的原则，对日本圆珠笔厂家百乐的创意广告《Beauty of line》进行评价。

知识点 6.3：创意开发的过程

韦伯·扬认为创意不过是对旧元素的新组合，于是提出了著名的创意五步法：收集资料、分析资料、酝酿、顿悟和验证。看起来很简单的几个步骤却需要创意人员投入大量的劳动，如资料部分就包含了有关产品、服务、目标消费者乃至竞品的大量数据，创意人员还需结合自己的人生体验和阅读基础对数据进行筛选；酝酿的过程则随时发生，如创意人睡觉时、听音乐时、散步时。很多公司更是通过头脑风暴或者团建来集思广益，为创意开发提供各种可能的途径。

拓展案例：美加净与大白兔奶糖的跨界合作

创意开发的思路一般有：发散思维与聚合思维；顺向思维与逆向思维；纵向思维和横向思维。在创意开发的过程中要善于打破传统，将自己代入消费者的视角进行思考，要善用逻辑推理并能进行多维度思考。此外，在可能的前提下可以考虑跨界联想以实现对旧元素的新利用，挖掘产品的新用途或改变产品原有的用途；根据不同事物或现象存在的相似性进行整理，得出新的结论和构想。

★ 补充知识点 6.3.1：KJ 法

KJ 法是日本文化人类学家川喜田二郎提出的信息处理方法。他将搜集到的信息分别记录在小卡片上，把所有卡片排列在一起，在看到所有信息的前提下按信息的关联性对信息进行分类。他认为不存在固定的理论体系，摆脱了规则和制度的束缚后，卡片的简单关联组合能提供更多的思路，各小类又可以组成更大的类别，最后形成总的概念。重点在于让“卡片自己说话”，但各个类别应该是可以命名的相似要素的集合体。

案例与练习

宜家床上用品创意广告

宜家通过平面广告鼓励人们选择更好更舒适的寝具，以此代替安眠类药物及保健品。这套广告排版简洁，非常吸引眼球，也十分明确地表达了品牌的广告诉求。而广告下方的标语“tomorrow starts tonight”（明天从今夜开始）也呼吁人们关注睡眠质量，以吸引人们购买或更换更高质量的宜家寝具（见图 6-12）。

图 6-12　宜家床上用品创意广告

结合宜家床上用品广告案例，对此策划方案的思维方式进行评价。请在下方的方框中写下自己的评价和思考。

从宜家案例出发，以小组形式讨论该广告是否还有其他的表现角度和可能，每组至少记录三个以上的想法。

1.

2.

3.

以宜家案例为素材，在保证广告主题不变的前提下，尝试针对另一种媒体进行创意开发，如将此案例改成电视广告。

★ 补充知识点 6.3.2：纵向思维和横向思维的区别

关于纵向思维和横向思维的具体区别，如表 6-1 所示。

表 6-1　纵向思维和横向思维的区别

纵向思维	横向思维
选择性的	生生不息
思考沿一个假定方向移动	思考随机波动，以求找到方向
按部就班	跳跃发散
步步为营，环环相扣	关联度弱，关系松散
以主线为重，可以省略支线	增加支线，提供更多可能
遵循最可能的路径	探索最不可能的路径
属性相对固定	属性无限延展

★ 补充知识点 6.3.3：其他常见的创意开发角度

关于其他常见的创意开发角度，如表 6-2 所示。

表 6-2 常见的创意开发角度

联想	相似联想、相关联想、相反联想、因果联想、接近联想
比喻	寓意、比附、象征
想象	组合想象、夸张想象、强调想象、变形想象、黏合想象、颠倒想象、重叠想象
变相思考	侧向思维、逆向思维、反叛思维、灵感、借物喻物

知识点 6.4：创意表现的技法

李奥·贝纳提出的“戏剧性”理论为成功的广告创意提供的启发是找出产品本身固有的刺激特性，即“与生俱来的戏剧性”。广告创意最重要的任务就是“把固有的刺激发掘出来并且加以利用”，也就是发现厂商为什么要生产这种产品，消费者为什么要购买这种产品。虽然很多广告创意都运用夸张的手法来表现这种戏剧性，但创意表现中仍然需要注意思维的转换性、策略的指导性、诉求的艺术性和创意的限制性。如李奥·贝纳为万宝路推出的广告宣传战，成为以广告的力量创建全球品牌的传奇范例，但最终依然要配合烟草营销领域严格的法规限制。

思考与练习

创意是人们在日常生活中经常发生的行为，试选择一个合适的品牌，将品牌或产品的某个诉求结合到人的某种日常行为中，表达出全新的概念，并简单描述你的创意。请结合补充知识点 6.3.3 中列出的多种创意开发角度，在下面的空白处写出同一行为表现可能体现出的不同创意理念。

★ 补充知识点：创意开发的原则

- 始终从零开始
- 对问题进行极简定义

- 独特的情感投入
- 关注想法，忽略预算
- 承担战略风险
- 聆听客户的声音

知识点 6.5：媒体创意

媒体创意一般分为媒体机制的创意、媒体组织的创意、媒体产品的创意、媒体营销的创意等几个层级，它关涉传播的所有环节。也就是说，“媒体创意是一个涵盖传播全环节、媒体全产业链的创意元素不断被发现与重构的动态过程”。

（1）媒体机制的创意。媒体机制的创意是媒体创意的基石，只有合理的制度安排与顶层设计才能保证媒体创意开发的持续进行。韩国文化创意产业就是受益于媒体机制的创新与创意的成功范本，韩国政府在媒体政策制定上注重“松绑”与“扶持”；在媒体机制设置上注重“协同”与“发展”；在媒体人才建设上注重“培养”与“培训”，最终带来了韩国文化创意产业的突飞猛进。

（2）媒体组织的创意。媒体组织的创意主要解决的是两方面的问题，一为“流程创意”，即通过组织架构的调整与重组，使得媒体流程更加高效合理；二为“激励创意”，即通过激励机制来保持媒体组织的核心“媒体人”的创造力得以持续释放。

（3）媒体产品的创意。与新技术结合创制新的媒体产品是“媒体产品创意”的重要方式。如“基于 LBS 技术的朋友圈广告推送”就是与新技术结合所创制的媒体创意产品。此外，媒体产品的创意还表现为“媒体产品的差异化”。

（4）媒体营销的创意。对于媒体营销自身而言，不断翻新的“创意”亦成为其发展的立足点，比如当下较流行的“游击营销”“体验营销”“大事件营销”“数据库营销”“微信营销”等。

热点事件是指在某段时间内吸引了大多数人关注的，引起社会大众广泛讨论的新闻或人物。将营销与广受关注的热点事件紧密结合往往能起到更好的宣传效果。企业在紧跟潮流的宣传过程中往往会采取以下几种方式。一是借助明星效应，利用明星的影响力吸引消费者。例如，丸美公司邀请影帝梁朝伟为产品拍摄了宣传片《眼》，梁朝伟一直有较高的人气，其充满故事的深邃眼神成功与丸美所要推出的眼部产品相结合，得到了出乎意料的良好的宣传效果。二是与时事热点相结合，即大事件营销。借助大众对事件的高关注度，将产品宣传与热点相结合，“蹭”热度，提高产品曝光度。谷爱凌夺冠的消息传来后，各行各业都加紧制作新的宣传资料，争取搭上谷爱凌夺冠的东风（见图 6-13、图 6-14、图 6-15）。

图 6-13　谷爱凌担任京东零售品牌代言人

图 6-14　谷爱凌代言瑞幸咖啡

图 6-15　谷爱凌担任蒙牛代言人

★ 补充知识点 6.5.1：创意 5W2H 分析法

关于创意 5W2H 分析法的详细介绍，如表 6-3 所示。

表 6-3　创意 5W2H 分析法

中文名	5W2H 分析法
别称	七问分析法
表达式	what+why+when+where+who+how+how much
提出者	美国陆军兵器修理部
提出时间	二战中
应用	企业管理和技术开发
适用领域范围	决策和活动执行

案例与练习

“回声计划”

在中国偏远农村，有超过 6 000 万名儿童与祖父母辈生活在一起，他们的父母为了获得更多的收入选择离家到外地工作。其中一些家庭因为经济条件太差负担不起电话费或者通信设备落后而无法和在外的家人保持联系。

为了帮助这些孩子，腾讯手机充值、腾讯公益、壹基金于2016年联合发起了“回声计划”（见图6-16），在全国多个贫困村建立儿童服务站，提供亲情热线，让留守儿童和远在千里之外的父母能够说上一句话。每当消费者选择使用微信的手机充值功能时，腾讯都会将一部分收益捐赠给“回声计划”。

图6-16 “回声计划”项目详情介绍

最近，智威汤逊为此制作了一条广告《请给我们一首歌的时间》（见图6-17），希望提升消费者对“回声计划”的认知，鼓励消费者通过微信支付或者QQ钱包，而不是以传统的方式来支付手机话费。

在这则广告中，来自贵州农村的孩子们在他们的父母离开后吟唱起《鲁冰花》——一首他们从小就被父母教会的讲述母子亲情的歌。一个小女孩说，她很希望她的妈妈能够教她一首新歌。这则广告呼吁观众通过使用腾讯的手机充值服务来帮助留守儿童实现和父母沟通的愿望。

“为爱充值”广告于2017年7月20日在社交媒体上发布，第一周仅在腾讯视频上就获得了近200万浏览量，腾讯公益的捐款数在两日内达到30万元。截至2017年8月4日，该视频总浏览量已达3 000万。“中国消费者崇尚能够创新世界的品牌。他们也想改变自我。‘为爱充值’在鼓励消费者利用腾讯功能去做一点改变的同时还有助于提升品牌形象。”上海智威汤逊执行创意总监胡岗说道。

这个活动在鼓励人们使用腾讯服务的同时，也吸引了大量的捐款，引导用户关注一个被忽视的群体，从这个角度来看，这个活动有极强的公益性。但遗憾的是，和其他的广告活动类似，该活动没有足够的延续性，在引起关注后没有了后续。在

图 6-17 “回声计划”广告《请给我们一首歌的时间》

这一点上，需要借鉴美国推行了 30 多年的 GOT MILK 广告（见图 6-18），各类明星披挂上阵，为鼓励青少年喝牛奶不惜自毁形象，真正把喝牛奶的理念推广进了一代人的心里。

图 6-18 GOT MILK 系列广告

根据课堂所学知识点对案例进行分析，并评价案例的创意点，需要的话请提出优化方案。

创意点	
优化方案	

★ 补充知识点 6.5.2：创意的评价标准

（1）总体评价标准：符合总体的战略主题；主题集中突出；构思新颖独特；形象塑造鲜明；服务承诺打动人心；情感诉求有冲击力。

（2）平面创意标准：视觉冲击力；视觉表现与创意的关联性；独特但不怪异的风格；文字引人入胜。

（3）影视创意评价标准：前三秒能吸引人看下去；三幅关键画面能表达中心思想。

任务二 校外实训

实训任务：扫码阅读客户策略清单，在业界老师的指导下，以小组为单位按照要求进行平面广告和广告文案的创意开发。

客户策略清单

实训要求

（1）积极参与，不得无故缺席。

（2）做好课前预习，独立思考，准备好自己的问题。

（3）做好笔记，积极互动，勇于提出自己的想法。

（4）完成并提交实践笔记。

实训操作流程

（1）在本次创意开发过程中可能会遇到很多问题，各位同学需先独立阅读客户策略清单，对客户策略清单中不熟悉的部分进行调查，访问品牌的官网、微信公众号和微博，走访产品的零售场所，适当了解消费者的认知和态度，记录自己在此过程中遇到的问题。

（2）请回答下表中的问题。

客户为什么要参赛	
产品的优点与缺点是什么	
消费者的评价	
广告目标是否合理	
传播需求分析	
想对客户提出的问题	

（3）各小组围绕传播定位与策略设计进行头脑风暴，寻找创意突破口，将结果记录在下面的空白处。

（4）业界导师跟进指导，记录导师的指导要点。

（5）各小组根据主要的创意点进行思路延展，讨论可能的方案，并列出三个方案供业界导师跟进指导。

方案一	导师意见

方案二	导师意见
方案三	导师意见

（6）根据业界导师的意见修改、完善方案，小组在平面广告和广告文案中分别选择一项以上参赛，根据参赛成绩确定本部分的平时成绩。在下面的空白处粘贴参赛作品小图。

任务三 课后练习

网络辅助学习

结合生活中接触碎片化信息的体验，在线寻找下列碎片化形式的实例，在表格中进行描述。

媒体碎片化	
内容碎片化	
受众碎片化	
品牌认知碎片化	
兴趣碎片化	

小组练习

将一个概念转换成可供传播和感知的内容。

每人向组员描述一个你现实生活中的戏剧性时刻，在其中穿插一个秘密和一个谎言。

拓展阅读与练习

案例1：苹果——过度分享

不想分享的，就不应该分享，但却有可能被大数据通过暗黑的方式，未经本人允许，直接透露给各大厂商。苹果的这则广告所描述的是用户在公共场合大声说出自己浏览了哪些网站；告诉陌生人自己的登录信息；大声与同事吐槽自己讨厌的同事；告诉别人自己的心事及自己的银行卡号、密码……这则广告名为《过度分享》（*Over Sharing*，见图6-19）。广告一开始捕捉到了人与人之间互相倾吐自己对生活、人、事、物的不满，然后从中提炼、加持、反哺，用不符合日常的思维逻辑来告诫人们个人信息保护的重要性，呼唤人们要理性地认知和对待它，由此获取用户信任，从而促进了品牌与消费者之间的友好互动，并用“黑色幽默＋调侃＋互动”的创意形式指出了常常被人们忽视的问题。

图6-19 苹果隐私保护广告《过度分享》

（1）本案例中的创意与品牌之间是否有相关性？

（2）这个创意是否有想象力？是否还能优化？

（3）这个创意用于中国市场是否可行？是否存在文化差异？

（4）在我国，如果需要由社会组织或官方机构来发起这个公益宣传活动，由哪些机构来负责比较合适？

（5）在我国宣传个人数据隐私保护时，有没有其他更符合本国文化的方案？能否举出适当的例子？

案例 2：江小白的 100 条声明

2021 年，江小白在成立十周年之际一口气发布了 100 条声明（见图 6-20、图 6-21、图 6-22），如愿登上热搜。声明包括致敬产品、致敬平凡员工、致敬老总、致敬合作伙伴……不一而足，但共同点都是足够搞怪有趣，吊足了消费者的胃口。由于声明数量太多，中间还专门发了一条计数声明，并宣布了发满 100 条的决心。至此，江小白打破了广告主一次性发布广告数量的纪录，成功地吸引了媒体、同行、消费者、围观者的目光。作为一家半路起家的酒类企业，江小白没有悠久的历史可讲，但好在它的目标消费者也同样年轻，因此从广告到产品，江小白在迎合消费者兴趣的路上一往无前。从可以调鸡尾酒的办公室到嗨爆全城的约酒大会，从线上的互动到线下的江小白酒馆，江小白始终聚集目标消费者，想其所想，乐其所乐，与消费者共同成长。

请结合这次的 100 条声明活动对江小白创意开发的总体风格进行点评，并指出可能存在的不足。

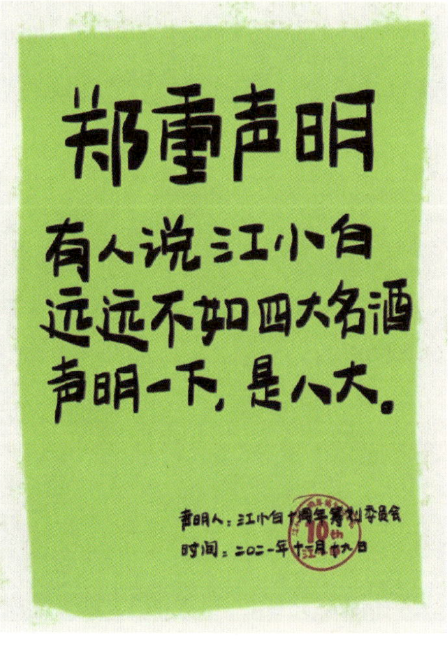

图 6-20　江小白 100 条声明（1）

图 6-21　江小白 100 条声明（2）

图 6-22　江小白 100 条声明（3）

相关知识链接

刘刚田，田园．广告策划与创意 [M]. 2 版．北京：北京大学出版社，2019.

黄升民，段晶晶．广告策划 [M]. 3 版．北京：中国传媒大学出版社，2018.

栾轶玫．媒介创意“层级”论 [EB/OL].(2014-08-12) [2022-05-10]. http://media.people.com.cn/BIG5/n/2014/0812/c387571-25451606.html.

余明阳，陈先红．广告策划创意学 [M]. 3 版．上海：复旦大学出版社，2007.

项目七

广告策划实务之媒体选择

教学要求

掌握并运用策略分析的步骤和媒体选择的方法与手段，训练团队的实战能力与协作能力。通过实操拓展科技视野，了解大数据和短视频领域的前沿知识。

教学方法

观察法；体验法；实习作业法

开篇案例

喜力广告

喜力啤酒在巴西某公路旁开设了一家具有交互式体验功能的0酒精啤酒馆（见图7-1）。喜力品牌的目标受众是饮酒者，但开车时不能饮酒，因而推出了0酒精啤酒饮品，让其受众短暂地过把酒瘾，同时也给又累又想饮酒的司机提供了解渴的机会。

图7-1　喜力啤酒开设的0酒精啤酒馆

虽然市场中早已有0酒精啤酒饮品，但喜力这样的促销方式远远胜过竞争对手的其他媒体投放行为，很好地实现了媒体投放的创意化。这一强调交互式体验的产品投放方式，既让目标受众从味觉等方面体验并消费了产品，激发了他们对喜力品牌的好感，也给其他受众留下了深刻的印象，间接地提高了喜力品牌的知名度。

思考与讨论

（1）如何评价上述案例中的媒体选择形式？你认为其有何优势？是否有不当之处？请填写在下框中。

（2）在数字化时代，这样的户外媒体的投放效果可能会不够理想，请制定能使此活动的成效更为显著的数字化优化方案。

任务一 课堂讲授与训练

知识点7.1：媒体组合

媒体组合是指将不同的媒体组合起来，使之有效地到达目标受众。媒体组合分为集中式媒体组合和分散式媒体组合两类。集中式媒体组合指的是将媒体发布费集中投入到一种媒体上。分散式媒体组合指的是利用多种媒体使广告到达目标受众，这样做有助于广告主与多个细分市场进行沟通。

思考与练习

现有的各种媒体都有过黄金时代，请结合广告史相关知识，对现有各媒体的历史进行梳理，并举出代表性案例。

媒体形式	黄金时期	代表案例
报纸		
广播		
电视		
户外		

★ 补充知识点 7.1.1：数字时代广播广告的优势

作为典型的听觉媒体，广播无法展示产品外观或演示用法，但随着驾驶车辆的人群的不断扩大，广播成了数字时代最不易被干扰的媒体。广播的优势在于本地化程度高，覆盖面广，费用较低，渗透迅捷，传播方式灵活，并且相对最能发挥听觉效果，但由于听众的专注度不够，很难实现由听觉向视觉形象的转换，因此，要想发挥广播的优势，应注意把握以下几点：可听性，具体性，生动性，联想性，亲切性，重复性，记忆性，对比性。

★ 补充知识点 7.1.2：媒体选择策略

（1）根据市场调查和预测确定广告媒体。
（2）根据广告具体目标选择广告媒体。
（3）根据广告传播的范围选择广告媒体。
（4）根据产品性质选择广告媒体。
（5）根据企业的目标市场选择广告媒体。
（6）根据广告信息的特征选择广告媒体。
（7）根据广告预算选择广告媒体。

★ 补充知识点 7.1.3：5W 媒体计划法

5W 指在什么时间、什么地点、哪些媒体、按什么样的方式组合、进行什么内容的宣传。具体而言，包括四个分配法和一个组合法，即媒体分配法、时间分配法、地理分配法、内容分配法和宣传阵势组合法。

★ 补充知识点 7.1.4：媒体组合的基本标准

媒体组合的基本标准是明确候选媒体，从中排除最不可能的选择，从而筛选出最佳选择。基本指标包括：合适的受众情况；合适的覆盖率；合适的频次；合适的可见性；经济价格；正确的时机；有利的媒体环境；适当的有创意的信息。确定合适的媒体后，常见的三种做法是：（1）在 RTB（real time biding，实时竞价）平台选择符合预算的媒体组合（见图 7-2）；（2）在 PDB（programmatic direct buying，程序化直接购买）平台保价保量地进行有限选择；（3）将 RTB 与 PDB 结合后进行投放，以实现优势互补。

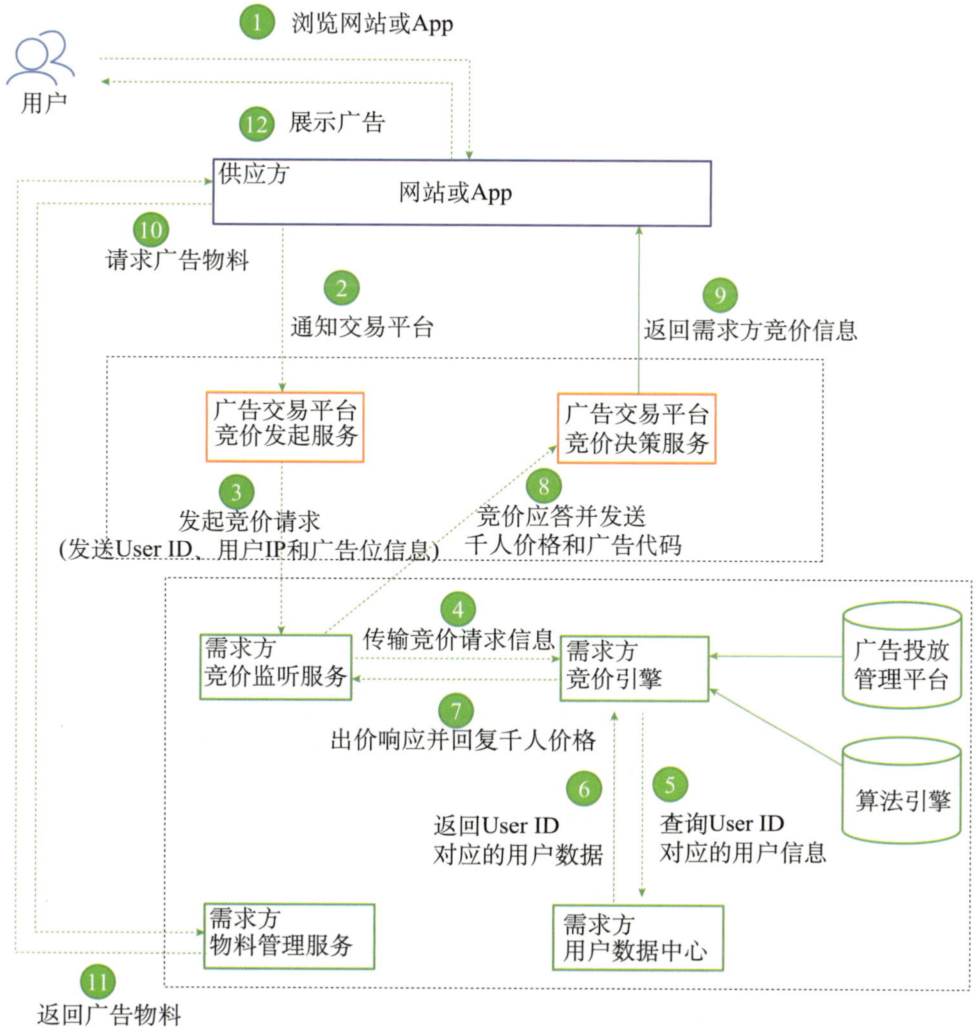

图 7-2 RTB 竞价逻辑示意图

一般的媒体组合评价标准如表 7-1 所示。

表 7-1　媒体组合评价表

目标受众是谁？在哪里？应该间隔多久与目标受众接触？在什么时间段？
信息的广泛性如何？需要什么样的媒体环境？能够产生什么反应？总效果预期如何？
预算的限制是什么？最合适的媒体是什么？能否降低相对成本？
可用的信息是什么？是否需要补充信息？整体传播效果如何？
各媒体的相对成本和优势分别是什么？是否与特殊时机相关？
不同媒体的传播优势是否可以互补？重点媒体与辅助媒体的搭配是否合理？
与竞争对手的媒体组合相比是否有竞争力？

★ 补充知识点 7.1.5：关键意见领袖（KOL）的使用原则

（1）以数量取胜：包括其粉丝数量、推文访问量、粉丝评论量和推文转发量。

（2）质量决定效果：考查其拥有的粉丝的质量及其粉丝与品牌目标消费者的重合度，通过点赞数等指标衡量推文内容的质量。

（3）量体裁衣确保匹配度：KOL 是否符合品牌价值和产品调性，KOL 的影响力是否与品牌的营销目标相匹配。

★ 补充知识点 7.1.6：大众汽车提高消费者参与度的媒体组合

（1）通过户外电视广告传达海量品牌信息（见图 7-3）。

（2）对广告视频进行病毒式传播以便开启消费者的在线讨论。

（3）在视频平台投放品牌宣传视频以激发消费者参与 。

（4）使用在线广告、手机广告及搜索引擎营销以增加重复访问量。

（5）应用游击式广告噱头引起网络热议。

（6）通过车展以及季度活动向记者、关键意见领袖、公众传达最好的品牌理念。

（7）使用消费者自主生成内容（UGC）增强信息的真实性。

图 7-3　“大众 ID.5” GTX 电视广告宣传图

案例与练习

江小白：青春小酒

江小白一开始就将自己定位为“青春小酒”，提出“我是江小白，生活很简单”的品牌理念。江小白紧密围绕这一中心点，整合文案、视觉符号、渠道、媒体等要素开展营销传播活动，成功将产品转化为品牌 IP，充分建立了品牌的具象化标识。它定位精准，在市场差异化中找到了出路，突破了白酒厚重的文化感的裹挟，转而打造白酒年轻化、青春化的新风尚，向年轻人输出新的白酒文化，最终开辟了新的市场。

在消费者的品牌印象尚未建立之初，江小白就以煽情的文案直击消费者软肋，通过文案创作提升了自己在消费者心目中的知名度，为日后的多样化营销打下基础，如“人生没有早知道，只有当下酒，眼前人”等（见图 7-4、图 7-5），实现了与消费者的情感互动，满足了消费者深层次的心理需求，从而塑造出一个有情感、有温度的品牌。

图 7-4　江小白瓶身文案

图 7-5　江小白广告宣传海报

实行多元化营销，打造品牌 IP。江小白充分应用不同媒体进行品牌宣传，提升品牌美誉度。江小白打造了以“YOLO”为名的音乐节（见图 7-6），与消费者进行

图 7-6　江小白 YOLO 音乐节

深度互动。“YOLO”是“you only live once”的首字母缩写，寓意是“不要怕冒险，你只能活一次”，而这个主题也是江小白在“我是江小白，生活很简单”的核心品牌诉求下提炼出的又一具有叛逆态度的精神。

同时，江小白还与两点十分动漫公司联合制作出品了《我是江小白》系列动画（见图 7-7）。由此，江小白成功地将各个独立的营销手段整合为一个整体，实现了各个营销渠道之间的密切联系，产生了协同效应，从而达到了 1+1>2 的传播效果，最终实现了利益最大化。

图 7-7 江小白动画

江小白采用了典型的分散式媒体组合，请在下框中对其媒体组合形式进行分析和评价。

知识点 7.2：媒体投放策略

媒体投放策略主要围绕广告投放对象、沟通的信息与主题、沟通渠道、何时进行、如何进行、费用分配等展开。选择合适的媒体来投放广告可以提高广告效率。媒体投放中一般需要考虑收视率、节目视听众占有率、接触率、千人成本、有效到达率等。

案例与练习

华凌厨卫 2019 年“双 11”的广告投放①

2019 年 10 月 29 日，美的旗下的华凌厨卫在万圣节前为年轻群体设计了野生创意 H5《请查收！你的 ALL IN 幸运符》，将产品以手绘的形式展现在包括声音、动画、特效等多种元素融合的场景中，以生活化的场景营销打响了“双 11”预热第一枪。这个 H5 作品极具创意性，在很大程度上提升了品牌知名度与热度，引起了消费者对品牌的关注。

借助“家电新秀”和“说唱新秀”激发年轻人的新主张。2019 年 11 月 1 日，华凌厨卫携手《中国新说唱》人气选手打造的全新跨界年轻家电态度 MV《为梦想 ALL IN》全网首发。年轻说唱歌手在说唱舞台上将“为梦想 ALL IN”全力以赴的精神发挥到极致，这与华凌厨卫想要传达给用户的品牌态度高度契合。

携手年轻化品牌齐发声，逐渐拓展至更多圈层。在“双 11”营销造势阶段，华凌厨卫携手超过 20 家年轻化品牌的百万粉丝级蓝 V，共同发布“ALL IN 宣言”，为梦想发声；发布微博话题 #为梦想 ALL IN#，迅速引起网友广泛讨论，通过社交裂变的方式吸引用户参与。

通过抖音模仿秀加强与用户的联动。由于之前的《为梦想 ALL IN》MV 魔性画风红极一时，网友纷纷模仿 MV 手势舞。华凌厨卫借势将年轻人聚集在抖音平台上：《中国新说唱》人气新秀先发起挑战，多位手势舞达人抢先应战，超百位年轻用户加入挑战；# 为梦想 ALL IN# 话题站内视频播放量突破 2 000 万次，掀起一波手势舞创作潮流，进一步让 MV 发酵，促成裂变传播，最终提高了品牌声量。

提前锁定“双 11”流量，直播预售促成交。对于“双 11”预售，华凌厨卫邀请红人主播开播，配合店铺日常直播运营，发放直播间专属福利，提高用户黏性，提前收割大促流量，助力“双 11”最后冲刺。

请用表格梳理华凌厨卫的此次媒体投放策略。

策划目标效果	
媒体选择	

① 家电如何圈粉？华凌厨卫双十一营销完成了一场年轻大“秀”[EB/OL].(2019-11-13)[2022-07-28]. https://www.digitaling.com/projects/136555.html.

媒体组合	
广告频次	
受众覆盖情况	
执行要点	

请在下框中对华凌厨卫的媒体投放策略进行评价，指出优点和不足。

★ 补充知识点 7.2.1：媒体投放效果评价

媒体投放效果一般可通过广告完成的数量和获得的效果，即质和量两方面来评价：从质来看，需要调查媒体接触关注度、广告的干扰度、广告环境、相关性等指标；从量来看，需要测算受众的总规模、受众的覆盖率、传送信息的平均到达频次或信息总量、千人成本等指标。

★ 补充知识点 7.2.2：媒体购买人员应具备的素质

（1）数字分析能力，能熟练运用分析工具。

（2）发现问题能力，能有效洞察媒体策略。

（3）综合评估能力，以客观开放的心态全面评估所有资料。

（4）通感能力，对消费者的生活方式和态度有好奇心和代入感。

（5）人际交往能力，善于与媒体人员沟通。

（6）随机应变能力，能根据受众和媒体环境的变化及时调整工作方向。

★ 补充知识点 7.2.3：媒体排期策略

媒体策划人员在安排投放计划时，要从时机、到达率、频次以及竞争媒体等方面进行评估，科学合理地安排广告，并进行持续性发布。常见的媒体排期方式有三种：持续式、间断式和脉冲式。上述方式各有优势与不足，应根据不同产品的属性、产品周期和预算等多种因素来选择合适的排期方式（见表 7-2）。

表 7-2　媒体排期方式优劣比较

排期方式	优点	不足
持续式	持续的品牌认知 难以被忘记 印象不断增强	需要充足预算来保证有效到达率和有效接触频次 适合无明显季节性的产品
间断式	在重点销售季集中媒体投放，声量可超过竞争对手	间断期太长时，广告信息容易被遗忘
脉冲式	以上所有优点	需要充足预算来保证有效到达率和有效接触频次 可带动整年销售，并使特定时段的销售表现抢眼

★ 补充知识点 7.2.4：影响媒体排期的主要因素

影响媒体排期的主要因素有以下几点：广告目标；预算；销售与购买的季节性；购买决策及购买周期；竞争对手的媒体排期；整体市场的竞争活动；创意考量；媒体考量；实际操作的可行性。

案例与练习

波司登“风衣羽绒服”

波司登创始于 1976 年，专注于羽绒服的研发、设计、制作。波司登用一系列世人瞩目的辉煌成绩证明了自己的实力：连续 26 年全国销量领先；连续 22 年代表中国向世界发布防寒服流行趋势；产品畅销美国、法国、意大利等 72 个国家。作为羽绒服行业革命的旗手，波司登引领了行业内的“二次革命”。大多数人对波司登国际形象的认知离不开这句耳熟能详的——“畅销全球 72 国”，波司登更是将这句深入人心的口号申请为注册商标。

2021 年，波司登推出“风衣羽绒服”新品后可谓是存在感满满。作为中国首个沉浸式主题大秀，“首创波司登风衣羽绒服”发布会在上海圆满举办，秀场打造了从历史到未来的四大场景，将风衣羽绒服贯穿于不同的时代，更有博柏利（Burberry）御用超模出席助阵，生动演绎波司登风衣羽绒服的独特魅力。随着居民消费的不断升级，消费者对羽绒服的需求也逐渐多样化。特别是对于商务人士，市场中缺乏时尚与保暖兼具、符合正式场合着装要求的羽绒服。波司登从消费者的需求出发，与国际设计大师共同探讨风衣的设计灵感与见解，国际前沿的时尚风潮和波司登的专业性发生碰撞后，“风衣羽绒服”概念应运而生。

结合本土品牌波司登羽绒服这一案例，分析其应该使用哪种方式进行媒体投放？为什么？

媒体投放组合	执行思路
媒体一	
媒体二	
媒体三	

知识点 7.3：媒体选择的影响因素

媒体选择的影响因素主要包括：产品特性；媒体受众；广告目标；竞争对手；广告预算；媒体成本；媒体寿命；政治、经济、文化环境等。同时，广告活动的性质、开始和结束的日期、预算的灵活度、媒体的优先项等也是常见的影响变量。

★ 补充知识点 7.3.1：媒体目标的确定

媒体目标的确定由以下变量决定：到达率（目标市场的覆盖率）；接触频次；持续方式；成本效益；传播目的。

案例与练习

奥妙：不怕脏的人

每年都有无数游客到青海旅游，他们虔诚地登上雪山之巅，却随手扔下白色垃圾，破坏了“三江源”的圣洁。人们随手扔下的一个塑料瓶，志愿者却要步行几万米去捡。这一群“不怕脏的人”，成为奥妙本次公益活动的创意之源。

奥妙携手公益组织“绿色江河”发起“守护三江源，共创洁净未来”公益活动（见图 7-8），致敬每一位守护洁净的不怕脏的人，并希望更多人关注、参与环境保护。有些生活在雪山周边的藏民会定期组织捡垃圾；有些志愿者自费来到格尔木驿站，希望通过捡垃圾来净化心灵；有些人将捡垃圾当作自己的工作，一人一车一狗孤独地与垃圾战斗；还有家长带着孩子走进自然，到高原上给孩子上一堂环保课。奥妙用志愿者和他们捡垃圾的真实故事为原型，希望引起人们对塑料垃圾的重视。

活动还邀请了艺术家查宋刚复刻塑料雪山，并在上海展出（见图 7-9）。奥妙以艺术作品的形式为消费者带来新奇体验，让消费者主动解读品牌传递的信息，强化品牌形象，借此传达了品牌“把污渍留给自己，把圣洁留给自然”的公益初衷。

图 7-8 奥妙携手“绿色江河”发起的公益活动

图 7-9 BFC 外滩枫径展出的“塑料雪山”

扫码观看《奥妙：不怕脏的人》视频广告

结合《奥妙：不怕脏的人》视频广告，分析其进行媒体选择时考虑了哪些因素。

知识点 7.4：媒体环境与品牌的相关性

一般来说，在媒体环境与品牌的相关性较高的情况下，媒体投放的需求频次较低；在媒体环境与品牌相关性较低的情况下，媒体投放的需求频次较高。品牌在与品类、品牌或创意相关的媒体环境中投放广告，可以抢占受众的兴趣点和关注度，因而无须在媒体投放上花太大力气，需要的频次也相应较低；反之，则需要较高频次的投放。但凡事不能一概而论，有时候反差组合反而更能吸引眼球。如美国总统奥巴马在竞选时为了赢得年轻人的选票，就将竞选广告插入了 Xbox 的游戏中。当年轻人用游戏机联网玩在线对战游戏时，他们第一次在上面看到了总统竞选的广告，足以想象他们吃惊的程度。

案例与练习

对下列三个户外广告案例的媒体投放情况进行比较分析，在后面的表格中按要求记录自己的思考。

麦当劳创意巨蛋广告

麦当劳的巨蛋广告（见图 7-10）展示了鸡蛋在一天中不同时间段的几种形态，最初完整的蛋逐渐裂变为一个太阳蛋，并循环往复。此次麦当劳的户外广告一改普遍的 2D 静态图片展示，创造性地把户外的静态广告转变为动态装置。由静态到动态的转变具有更强的信息瞩目性，广告本身极具创意。麦当劳通过生动形象的广告创意，很好地诱导了消费者，提高了品牌的关注度。

图 7-10　麦当劳巨蛋广告

奥利奥“日食”广告牌

奥利奥利用自身的黑白配色对广告投放期间正好出现的日食做了动画片似的诠释，向人们展示了日食的过程（见图 7-11）。当下，“蹭热度”无疑是品牌做广告时低成本收获更多“流量”的一种方式，与趣味科普融合则吸引了来来往往的人们驻足停留。奥利奥采用的这种提升产品显示度的方式，在不知不觉中诱导了消费者，相比同类产品更能给人留下更深刻的印象，自然提高了产品的市场竞争力。

图 7-11　奥利奥“日食”户外广告

福特汽车广告

福特公司利用半透明的树脂制作了一块户外广告牌，只在右下角很简洁地加上了福特某款汽车的 logo。树脂材料使来往的车辆行人眼中广告牌后的棕榈树变得模糊，这种效果模拟了人坐在高速行驶的汽车上看窗外景物时的视觉感受（见图 7-12）。不同于一般的灯箱广告在画面设计上下工夫，福特公司独具匠心，抓住汽车性能这一卖点，仅凭一面树脂材料板，就能让人切实地体验到坐在福特汽车中时的主观感受。这比单纯的平面设计更能打动人，产品特征的传递效果更好，消费诱导力更强。

图 7-12　福特公司用树脂制作的户外广告牌

	麦当劳	奥利奥	福特
创意优势评价			
创意局限评价			
媒体环境与品牌的相关度评价			
媒体投放效果优化对策			

★ 补充知识点 7.4.1：邀约

邀约（engagement）即品牌通过周边的媒体环境来强化或激活品牌概念，尤指户外媒体识别用户，连接用户，最终激发用户的检索、分享、交互体验和消费等行为。不同类型的邀约信息，例如展示活动名称、展示网址信息、展示免费入场券等所能唤起的用户的行动类型和程度是不同的，包括进一步了解、上网搜索、口头提及、上网分享、参加活动等。请思考上述三个户外广告案例的邀约效果如何，在下面的方框中写下你的评价。

★ 补充知识点 7.4.2：媒体计划执行过程中的常见问题

（1）信息不充分。对市场、消费者和媒体的了解不够，没能跟上数据的变化趋势。

（2）工作量太大。时间太少会造成压力。

（3）对数字过度依赖。数字误差、测算方法有误、过小的样本、数据间未能建立联系等都有可能导致偏差。

（4）过分强调创意带来的压力。陷入既要与众不同又希望能测量广告效果之间的两难。

（5）来自客户的压力。对数据缺乏信任或过度信任、个人偏好或强势思维都有可能让客户做出自己的选择，因此需要与客户充分沟通。媒体简报就是常用的沟通手段。

某广告公司项目执行流程工作单

知识点 7.5：从消费者出发选择媒体

任何产品都有特定的消费人群，近几年大行其道的跨界营销也不过是不相干的两个品牌因为同样的或接近的消费人群而捆绑到一起，试图达成 1+1>2 的效果，A 品牌在某种意义上成为 B 品牌的发布媒体。因此跨界营销一般是著名品牌与新晋品牌的组合，双方各取所需，合作共赢。

案例与练习

对比下列两个跨界营销案例，结合媒体选择的原则进行分析。

永璞×蚂蚁森林：出了一款给猴搭鹊桥的森林咖啡①

喝杯咖啡，助力生物多样性保护，给中国独有的珍稀动物滇金丝猴“搭鹊桥”，帮助单身的它们找到另一半？由于栖息地破碎化，滇金丝猴种群栖息地被大片空地分割成一个个孤岛，胆小且谨慎的滇金丝猴不敢从空地上经过，不得不“分居”在一座大山的南北两侧，相隔 40 千米，猴群之间的基因交流被阻断。

2021 年“双 11”这天，永璞咖啡携手蚂蚁森林推出了云南限定森林风味咖啡（见图 7-13、图 7-14），这款咖啡不仅外包装上画着可爱的滇金丝猴，售卖的利润还将由永璞全部捐赠给云南省绿色环境发展基金会，用于滇金丝猴全境保护项目。

图 7-13　永璞与蚂蚁森林跨界营销广告（1）

图 7-14　永璞与蚂蚁森林跨界营销广告（2）

① 永璞×蚂蚁森林：出了一款给猴搭鹊桥的森林咖啡 [EB/OL]. (2021-11-15)[2022-6-20]. https://finance.ifeng.com/c/8BA41ChuG1m.

KFC 与菜鸟驿站联动“驿起嗦粉”

自 2021 年 7 月 8 日起，KFC 自在厨房玩起了跨界合作，与菜鸟驿站组队，推出螺蛳粉产品，在线上平台制造话题共同宣传，宣传主题为“驿起嗦粉，生活真香”（见图 7-15）。活动期间，上海、杭州两地的部分菜鸟驿站开展了“充粉活动”，即与站长对暗号即可免费获得螺蛳粉，共计免费送出 10 000 份联名螺蛳粉。同时，也推出了魔性宣传视频，肯德基爷爷与菜鸟驿站小哥共同入镜，在视频中跳起魔性舞蹈“菜基舞”，以提高网络话题的讨论度。菜鸟驿站还邀请 KFC 老爷爷作为螺蛳粉送货上门体验官（见图 7-16），为大家上门送去螺蛳粉。这两个品牌的跨界合作是一次意想不到的碰撞，但融合了两个品牌的特点，进而深化了两个品牌的合作。

图 7-15　KFC 与菜鸟驿站联动推出的“驿起嗦粉”活动

图 7-16　KFC 老爷爷作为螺蛳粉送货上门体验官

	永璞与蚂蚁森林	KFC 与菜鸟驿站
媒体选择目标		

媒体适应性		
媒体选择效益		
媒体组合优化策略		

★ 补充知识点：媒体分配其他方法

（1）上一年度广告支出效率法。请两名以上不同类型的专家，审查品牌上一年度的广告与销售比率，并提供一份增加广告投入和降低广告投入的媒体清单，请他们估计增加或降低投入的百分比。从不同的专家判断中取平均值。

（2）行业典型广告支出参照法。尽可能多地分析竞争对手公司的媒体投放成本和规律，参照其实际营收，考虑媒体投放效果。多选择几家同类型公司进行分析会更有参照性。

（3）受众分解法。广告投放的目标市场的人数也许看上去很多，但要将这些数字拆分开来，如能看见广告的人数占比、看完广告的人数占比、看懂广告的人数占比、由广告而产生购买意愿的人数占比、真正实现购买行为的人数占比、重复购买的人数占比。要选择对品牌而言最有意义的群体。

（4）实验法。若同样版本的广告在不同地区采用不同媒体进行投放，在一定时间段内应检查因广告而带来的销售额变化，由此确定媒体投放的效果。地区选择应有一定的接近性，避免经济和文化水平差异过大造成实验结论存在误差。

知识点 7.6：利用 App 开展品牌推广

App 指的是智能手机的第三方应用程序。作为品牌营销推广与传播的常用平台，常用的 App 如微信、支付宝、小红书、知乎、抖音等都聚集了大量的用户，它们的广告价值越来越大。据统计，普通用户每天持续使用的 App 数量其实不超过十个。如何提高用户的留存量和活跃度是许多 App 主动进行品牌推广的最大动力。

思考与练习

选择你喜欢的某个 App，尝试用你喜欢的某个动漫作品中的情节（著名场景）来推广这个 App，思考三种可能的组合。

1.

2.

3.

任务二 校外实训

实训任务：参观本地大数据服务中心，体验并记录新科技产品与服务。参观本地短视频创客空间，了解短视频创作和运营机制。与新媒体从业人员讨论互动。

实训平台类型要求

选择全国型平台的本地站点，如抖音、快手、今日头条等；如无此站点可选择常见平台上的本地网红的工作室，其个人粉丝数量宜在百万以上。此外，各地政府自建的新媒体创作空间或孵化空间也较为理想。

背景知识

在跨场景视角下，短视频电商的消费行为模式被总结为 WLCCBCS，即 watch-like—click-choose-buy—comment—share，这是从消费端的视角展开的；但后台部分更看重的是如何吸引受众的关注，即传统广告理论中 AIDA 模型所强调的 A（attention），也就是注意力部分。这也说明，无论采用何种媒体形态，引起受众的关注仍然是所有广告策划的基本出发点。而在新媒体时代，策划精彩到能让用户有动力去分享和转发的广告是对从业人员的更高的要求。对新科技产品及服务的了解和熟练使用是未来广告人的必修课，从“第二人生”到元宇宙，广告人需要对数字技术的发展有更多的了解和关注。

实训任务流程

（1）到达大数据服务中心，介绍各位业界导师，熟悉流程，各小组对接自己的导师（10 分钟）。

（2）跟随业界导师参观大数据中心，体验并记录新媒体服务（25 分钟）。

（3）跟随业界导师参观短视频创客空间（25 分钟）。

（4）与业界导师讨论互动（30 分钟）。

实训要求

（1）积极参与，不得无故缺席。

（2）做好课前预习，独立思考，准备好自己的问题。

（3）做好笔记，积极互动，勇于提问。

（4）提交校外实训小结。

实训操作流程

（1）参观准备：带着对媒体选择与媒体投放策略的好奇，我们将实地参观本地大数据服务中心以及本地短视频创客空间。请大家结合自己平时的使用体验，写下至少三个实地访问时想提出的问题。

1 2. 3.

（2）实训。

- 了解本地大数据服务中心主要业务；体验新科技产品与服务；观看技术人员展示数据挖掘的步骤和数据分析软件的使用方法，记录自己的体验。

- 了解短视频创客空间的短视频创作技巧、内容孵化模式以及运营机制；学习短视频的媒体投放策略。

短视频创作技巧： 内容孵化模式：

运营机制：

媒体投放策略：

• 互动环节。学生与工作人员以及业界导师讨论互动，提出参观后仍然存疑的问题，谈一谈体验参观后的感受，通过与专业人士交流，提升学生对内容孵化模式以及媒体投放策略的影响因素的认识。

任务三 课后练习

网络辅助学习

请结合小米 AI 音箱的特性，思考其作为广告媒体的可行性，在小米社区发起公共讨论，并设计广告投放的三个可能路径。

2017 年，小米公司正式发布了小米 AI 音箱，它由小米电视、小米大脑和小米探索实验室联合开发。小米把“小爱同学”作为 AI 音箱的唤醒词，实现了远距离声控，通过声音就能与小米音箱互动沟通。小米 AI 音箱提供的内容包括在线音乐、网络电台、有声读物、广播电台等。通过米家设备联网后，小米 AI 音箱还可控制小米生态链上的设备，如小米电视、扫地机器人、空气净化器等。

路径一	
路径二	
路径三	

拓展阅读与练习

案例 1：拼多多借势东京奥运会营销

广告创意、广告媒体以及广告投放时机对于广告效果都起着巨大的作用。将热点事件与品牌相关联，在适当的媒体平台投放相关的高质量广告，显然会有更好的回报。拼多多之前凭借砍价和拼团的营销模式，已经为自己揽得了许多用户，打响了品牌在国内的知名度。拼多多擅长利用各种时间节点进行营销，如“双 11”“双 12”“6 · 18”等销售黄金时段；而奥运会一直都是极具关注度和话题性的大型国际体育赛事，也是拼多多不愿错过的营销良机。

2021 年 7 月 23 日，第 32 届夏季奥林匹克运动会在日本东京正式拉开帷幕。有的品牌商通过赞助奥运会来进行营销，还有一些品牌则邀请奥运冠军为产品代言，这两种方式都比较简单直接，但拼多多选择了打擦边球。

在这次奥运会之前，拼多多就推出了“天天领红包”活动，在微信里进行病毒式传播，让不少人免费帮拼多多打广告，这也是拼多多惯用的伎俩，而且屡试不爽。这种借势推广的方式让拼多多搭上了奥运快车，提升了品牌形象，同时吸引了更多的用户。

拼多多在赛事期间推出了特别版广告（见图 7-17）。这则广告只有 15 秒，以红色为主调，给人一种喜气洋洋的感觉。画面一开始是一个动漫人物拿着手机，而手机界面呈现的是拼多多的 logo，点击 logo 就能进入拼多多所制作的广告场景。进

图 7-17　拼多多特别版广告

入该场景后，背景音乐是熟悉的《运动员进行曲》，随后是第一句广告词“迎面走来的是拼多多代表队”，画面中是一大群人走过类似拼多多商城一样的通道，准备前往“奥运运动场”，画面中还有“从原价 199 元降至拼单价 69 元”这样的滚动字幕。接着就是第二句广告词“拼着买，才便宜”，伴随着连续两次这样的台词，画面来到了“奥运会运动场”，通过模仿运动员在开幕式上的进场画面，一群“运动员”牵着带有拼多多标志的“国旗”，再次说了句“拼多多，拼着买，才便宜”。台词的不断重复使观众记忆深刻。

拼多多虽然不是奥运赞助商，但通过这种间接与奥运会建立联系的方式进行宣传，把奥运的拼搏精神与它的“拼团”行为建立了关联，极大地提高了受众对它的关注度。同时，在短至 15 秒的视频中，只有 4 句台词，其中还有 3 句是重复的，通过不断重复的广告词对受众记忆进行了强化。

你认为这个广告策划的媒体投放策略应怎样设计才能达到最好的效果？（策划效果的评价指标包括使用的媒体、花费的预算、产生的销售量、新获取的市场份额、消费者认知态度的变化、分销商态度的变化等。）

案例 2：面对微博 10 亿声量讨论“容貌焦虑”，OLAY 会如何作答？[①]

2021 年是中国女性价值崛起的元年，全年聚焦或与女性价值强相关的综艺 IP 至少有 16 个；关于杨笠（脱口秀演员，因探讨两性价值而受到普遍关注）的微博社交讨论达到了 7.2 亿次阅读量。不止年轻女性，一位通过自驾游寻找自我价值而获得知名度的女性叫苏敏，她的年龄是 57 岁。但令人惊讶的是，在这样一个强调女性意识觉醒的环境中，居然仍有多达 10 个品牌因为广告内容不当而引发女性反感，最终招致批评。这组数字的对比，充分说明品牌不能再忽视女性价值问题。

女性自我意识的崛起，是品牌的重要机遇。新一代女性在面对人生、生活、审美、事业等方方面面时，都有自己的新的价值观念。这不仅将深刻影响女性消费市场的趋势，也对品牌传播提出了具有历史意义的新挑战。就现阶段而言，品牌至少要意识到以下几点：女性消费行为从“悦他”走到“悦己”；女性开始关注自我的内心追求；品牌要想赢得新女性的青睐，与她们的新价值观产生共鸣显然是个必要条件。

在众多针对女性消费市场的品牌中，OLAY 是非常典型且值得关注的一个。在产品方面，OLAY 一开始通过“祛斑”“美白”等新功效建立市场竞争力。而随着年轻消费者的护肤意识增强，对产品功效需求进一步升级，OLAY 又抓住“成分”领域的新趋势，持续用优质产品满足消费者需求。在品牌方面，OLAY 从 2018 年起就发起了“属于女人的数字，不是年龄，而是故事”系列分享，这在当时是一个非常领先的洞察，并一直从各个角度持续发声，鼓励女性打破年龄束缚，体现女性价值。

可以说，无论是产品还是品牌，OLAY 都深刻地理解了中国市场与中国消费者观念的变化。OLAY 发现 2021 年有一个四字话题反反复复以多种形式出现在社交媒体的热搜中，且每一次都能引来众多讨论，达到了 10 亿 + 的阅读量。这个话题，就是容貌焦虑。

在这些热议的话题之下，有两种声音格外突显。第一种声音代表着“旧审美价值”，他们对“好看的容貌”有一种固化的标准，把“容貌的好坏”与“自我价值的高低”画上等号。这种单一的审美标准恰恰就是“焦虑”的来源。而在代表“新审美价值”的另一种声音中，那些支持 # 拒绝容貌焦虑 # 的女性，更加强调女性的审美应该多元化、女性的价值不由外观决定。但这是否代表，品牌只需要选择站队，顺从声音大的一边，高喊 # 拒绝容貌焦虑 # 就可以了呢？事实并非如此。理解消费者行为，需要做更多背后的洞察，了解女性消费者现阶段面临的问题，以及这些问题的根源是什么。只有这样才能在理解她们的情绪和行为的基础上，透视消费者真实的内心，发出令她们共鸣的声音。

作为常青品牌，当中国女性价值观发生重塑时，OLAY 发起了一个关于新女性价值观的活动，即“无惧人言，我就是美”，这个项目正是为“新女性价值观”而

① 10 亿声量讨论的“容貌焦虑”，OLAY 会如何作答？[EB/OL].(2021-09-02) [2023-05-03]. https://www.163.com/dy/article/GISUUAA80519VFBH.html.

发声的。

微博中的品牌声音异常嘈杂，OLAY 精准选择了话题人物杨笠。杨笠是女性话题领域的焦点人物，让她来谈女性新审美价值，自然再合适不过，也更容易引发关注（见图 7-18）。品牌充分发挥了杨笠作为一个公众人物的价值，与品牌共创内容。杨笠对品牌理念进行了巧妙的包装，辅以品牌资源的加持，最大限度地发挥了其内容优势。最终，杨笠成功地让品牌在微博、抖音、微信等社交媒体中快速出圈，让品牌再次赢得更广的社交圈层共振。

图 7-18　杨笠谈女性新审美价值

消费者的容貌焦虑，不仅是因为“困于人言”和“单一审美标准”，还有被外界禁锢的选择美的自由。“你眼睛有点小”“你鼻子塌”“腿太粗了”……这些话仿佛在告诉每一位女性，美的标准只有一个，你只能应和标准。形式美包括眼睛要大，鼻子要挺，腿要细要长……这些，皆指向了容貌焦虑的核心问题，即单一的审美和人言的评价，让女性失去了选择美的自由。

OLAY 还邀请了一位长相并不符合大众审美标准的女性代表：李嘉琦（曾用艺名辣目洋子），共同创作了代表新女性价值观的大片（见图 7-19、图 7-20）。在视频中李嘉琦通过讲述她所认为的美、她对美的看法和选择，来传达美的不同可能性，传递 OLAY“无惧人言 我就是美”的品牌主张。视频推出后，迅速在全网掀起热议和关注，共实现近两亿的播放量与超过 120 万的讨论量，甚至进入外国媒体的视野，引发了更多关注。

图 7-19　OLAY 在抖音推出容貌焦虑话题　图 7-20　OLAY 邀请李嘉琦拍摄女性价值观态度大片

（1）在新媒体环境下，品牌接触用户的最佳接口是什么？

（2）社交媒体在品牌宣传内容的再传播中发挥着重要作用，如何才能引发受众主动再传播？案例是否提供了可供借鉴的经验？

（3）在社交平台投放成功后，是否有必要继续在线下推广该话题？有必要或没有必要的理由是什么？

（4）在本案例中使用虚拟代言人对广告效果是否有影响？是否可行？

（5）广告战主题与媒体组合的选择之间是何关系？对广告效果的影响如何？

（6）能否举出线上线下成功互动的例子？有无规律可循？

小组练习

结合下面两个借助社交媒体取得成功的案例，讨论使用社交媒体的技巧。

案例 1：时尚博主黎贝卡的社交媒体推广

时尚博主黎贝卡拥有超过 300 万粉丝，她将粉丝当作闺蜜，用亲身经历向粉丝推荐产品，深受粉丝喜爱和信任。2016 年 8 月，她联合故宫文化珠宝推出“猫的异想”系列联名首饰，400 件商品在 20 分钟内售罄。2016 年 11 月，她又与故宫联名推出“故宫·异想 2017”手账，上线不足 4 小时 10 000 册便全部售罄；当天推送的文章在阅读量达到 28 000 时销量就冲破 7 000 册，转化率高达 25%。品牌借用 KOL 的优质内容吸引消费者，不仅能够提高品牌知名度，还能在较高的用户黏性下实现商业变现。

案例 2：四季酒店基于社交平台的品牌宣传

图 7-21　四季酒店

作为享誉世界的豪华连锁酒店品牌，四季酒店（见图 7-21）积极利用数字化媒体渠道向消费者"讲故事"，并通过一体化的内容策略实现与用户的持续深度交流，最终为用户带来优质的品牌体验，成为利用社交媒体塑造品牌的典型案例。

早在 2009 年，四季酒店就注意到了社交媒体的重大影响力，开始注重通过社交媒体塑造品牌。它进行了各种积极尝试，如在推特上举办虚拟品酒会；通过脸书（Facebook）向粉丝分享酒店动态并积极与粉丝互动；经常在油管（YouTube）上发布信息，打造热门关键词。它打造了一支专业团队来负责社交平台的运营和管理，通过设计各种活动与消费者互动。如四季酒店曾推出婚礼策划的专题活动，在推特和 Pinterest 两大社交平台开通专门账号，既提供专业意见，也让消费者分享自己的故事，受到粉丝的青睐。此外，它还擅长在 Ins、汤博乐（Tumblr）等社交平台赋予品牌新功能和价值，为消费者创造新颖的品牌体验。四季酒店的社交平台营销深入人心，以至于奈飞（Netflix）的新剧《Tinder 诈骗王》中的骗子男主角也最爱四季酒店，对酒店而言不知应该微笑还是苦笑？

但对现代企业来说，社交媒体推广早已不是可选项，而是必须要做的事情，区别只在于是自己动手做还是请专业团队运营。商业分析公司 SunAll 的调研结果对在各大社交平台进行推广的最佳时间段进行了总结，如表 7-3 所示。

表 7-3　社交媒体投放的黄金时间段

平台	时间段
推特	工作日 13：00—15：00
脸书	工作日 13：00—16：00
领英	周二至周四 7：00—8：30，17：00—18：00
汤博乐	工作日 19：00—22：00，周五 16：00
Ins	工作日 17：00—18：00，周一 20：00
Pinterest	工作日 14：00—16：00，20：00—23：00，周末全天
谷歌	工作日 9：00—11：00

请结合我国社交平台的特征，讨论应如何利用社交平台进行宣传。

相关知识链接

任锡源 . 广告策划 [M]. 北京：经济管理出版社，2010.

朱磊，等 . 数字时代的场景传播 [M]. 广州：暨南大学出版社，2019.

黄升民，段晶晶 . 广告策划 [M]. 3 版 . 北京：中国传媒大学出版社，2018.

王靖杰 . 数字化品牌运营：实战攻略 + 案例分析 + 方法技巧 [M]. 北京：人民邮电出版社，2018.

曾红宁 . 广告策划与写作实务 [M]. 北京：清华大学出版社，2016.

赫里茨克，琼斯 . 多屏营销：通过电视、计算机、平板电脑和手机赢得客户的七个秘诀 [M]. 刘文静，译 . 北京：电子工业出版社，2016.

项目八

广告策划实务之策划书撰写

教学要求

通过实操，学习、掌握并应用策划书撰写的基本步骤、方法与手段，训练团队成员的思维整合和输出能力。

教学方法

以实际训练为主的练习法；实验法；实习作业法

开篇案例

中关村车库咖啡

如果你是一个创业者，没有资金、没有人脉、没有经验，怎么办？在中关村，越来越多怀揣创业梦想的年轻人发现，也许一杯咖啡就能解决问题。车库咖啡作为中关村最有人气的咖啡馆之一，点一杯 20 块钱的咖啡可以坐上一天，享受 1G 的飞快网速。事实上，车库咖啡人气之高并不是因为咖啡有多么好喝，甚至大多数人来这儿并不是为了喝咖啡。

2010 年，时任一家上市公司投资总监的苏菂发现，平均每天见三四个项目客户已属高效，很多时间都浪费在了路上，于是他打算把创业者聚到一起。2011 年 4 月，车库咖啡开张。这是一家以创业和投资为主题的咖啡馆，主要为创业者提供栖身、交流、办公的场所，同时也为创业者与投资者搭建了交流互动、投资合作的平台。“70 后”的魏清晨算得上是车库咖啡的“老人”，最近一年多他都在这里办公。他的海妖团队于 2013 年底在车库咖啡组建，现在从事的项目是情绪识别开发，根据语音、心率、呼吸等体征识别情绪，进而形成基于人体体征的全新互联网入口。“比如我失恋了，回到家后，智能家居系统通过情绪识别，会把灯光变得温暖柔和。”团队伙伴刘辉说。

车库咖啡不仅提供低成本的办公场所，也通过这个平台让资源更加优质地整合在一起。周一至周五晚上及周末会有不定时的技术、创投交流；每周都会有一些投资人来跟创业者聊天，完成投资；免费帮助创业团队进行招聘；等等。

在一些创业者看来，身处车库咖啡，想解决某个技术难题或者实行某个策划，很容易就能找到人交流。以前很难见到的投资人，在车库咖啡能经常碰到，甚至有机构定期派人过来挑选项目。像小米公司的雷军、天使投资人徐小平等都来过这里。

车库咖啡 CEO 金子森给出一组数据，每年来到车库咖啡的创业者约 8 万人次，创业团队在 1 500 支左右。开业以来，车库咖啡认证和常驻团队有 300 支，其中有近 140 支在车库直接组建团队，它们当中有 70 支在车库咖啡拿到了投融资，还有 40 支在其他地方拿到投融资，剩下的部分没拿到投融资，但仍在正常发展。2014 年，车库咖啡认证和常驻团队有 147 支，其中估值过亿的有 4 支。

苏菂已经将车库咖啡交给专业团队来经营，自己则再一次带着梦想出发创业。这一次，他不仅要让创业者聚到一起，还要住在一起。这个名叫北京 YOU+ 的创业公寓，主要出租给初入职场的年轻人。该项目也引起了雷军的关注。报道称，雷军和 YOU+ 团队在 5 分钟的会谈中基本确定了投资意向，雷军最终出资 1 亿元投资 YOU+。①

思考与讨论

（1）在车库咖啡拿到融资的项目无疑都有一份极具说服力的策划书，你认为这些策划书有什么共同点？

（2）广告策划书和商业策划书虽然目的不同，但形式相近，你认为商业策划书的哪些技巧可以用于广告策划书？

（3）换位思考，如果你是甲方，需要在 5 分钟内判断一个策划案是否可行，有哪些判断标准？

背景知识：策划案可行性评价表

关于策划案可行性评价表，请见表 8-1。

表 8-1　策划案可行性评价表

是新产品还是老产品？可以做什么？主要特点和优势是什么？
与市场中其他产品相比如何？产品特征与竞品有何差异？价格上有何差异？
目标受众是谁？他们能从产品和服务中得到什么？
从受众需求的标准来衡量，受众如何评价产品？
产品的弱点和机会是什么？产品或品类的核心利益点是什么？
如何最大限度 / 最快地提高知名度？

① 中关村车库咖啡打造草根创业地 [EB].(2015-01-06) [2022-03-22]. https://www.bjnews.com.cn/detail/155148662414971.html.

任务一

课堂讲授与训练

知识点 8.1：广告策划书

广告策划书是以书面形式表现广告策划的意见，体现广告策略和广告计划的报告书。一份完整的广告策划书一般包括以下部分：封面（精致的封面能够使对方产生积极的第一印象）；广告公司及策划人员名单；目录（需要标注页码，便于查阅）；前言（也称执行摘要）；正文；总结（应简明扼要、观点突出）；附录（应包括市场调查问卷样本、市场调查访谈提纲和市场调查报告等）。

广告策划书正文的基本格式

案例与练习

肯德基宅急送“灵魂宵夜”小龙虾，玩转古城西安！

1. 背景

2020 年 7 月 27 日肯德基宅急送“灵魂宵夜”小龙虾新品上市。此次新品延续了“灵魂宵夜”系列，但与以往的串串卤味、手撕鸡不同的是限定城市发售，精选龙虾最肥美的季节限量售卖，为宅急送外卖专享产品。新品限定 10 城发售，西安是西北区域唯一入选城市，客户希望此次新品上市后，能够在抖音短视频平台上引发用户关注，并利用其他传播渠道辅助进行新品上市推广（见图 8-1）。新品预计辐射加班白领、暑期学生、夜晚活动较多的年轻人，突出产品宅急送专享、灵魂宵夜、城市限定等卖点，目的在于打破传统肯德基在年轻消费群体心目中的固化形象，让用户在深夜想要放纵自己的时候能够选择宅急送小龙虾，最终实现在客户预算仅有 5 万元的情况下，打造出流行的宵夜聚合场景，构建与年轻消费者的新链接，最大限度地传播新品。

图 8-1　抖音上“灵魂宵夜小龙虾”话题下的视频

（1）创意核心洞察：聚焦年轻白领。每天早晨年轻白领们被闹钟唤醒的只是肉体，之后强行刷完白天的进度条，到了夜晚，他们拖着疲惫的身躯回家，如果草草结束这一天，内心就会不甘。夜幕降临，华灯初上，夜晚才是释放自我、唤醒灵魂的最佳时机。抛开种种压力，让灵魂尽情释放，让肯德基“灵魂宵夜”小龙虾帮助都市白领卸下内心深处的疲惫。

（2）定制“鬼畜音乐”，在线上进行洗脑式传播，引发素人粉丝参与同款拍摄。

（3）赞助西安知名 Follow Da Tempo 派对（hip-hop 主题），让肯德基宅急送“灵魂宵夜”小龙虾，融入街舞 / 说唱 /DJ 的沉浸式音乐社交场景，引发话题在线上持续发酵，从而受到年轻人的喜爱。

（4）西安本地知名抖音大 V 参与短视频传播。西安本地吃播 up 主、抖音“大V”在线直播试吃，在西安城市地标张贴产品海报，结合线下 hip-hop 派对进行现场试吃活动推广，从而线上线下形成强有力的闭环，覆盖了目标人群，提高了肯德基宅急送“灵魂宵夜”小龙虾的知名度，刺激了年轻消费者在线下单。

2. 传播策略

肯德基宅急送根据年轻白领的生活现状——白天披甲战斗，夜晚释放灵魂，结合肯德基小龙虾的产品特点，提出 # 白天带壳奋斗，晚上脱壳享受 # 话题。

发布真实的白领生活场景短视频，使话题进入讨论圈层。邀请本地抖音“大V”，拍摄白领白天的忙乱生活，及深夜剥虾吃虾时的灵魂释放场景，以剧情短视频形式在线上传播此次新品上市的消息，引发首轮曝光。

发布魔性音乐短视频，提升肯德基小龙虾的话题热度，以触达用户。邀请西安知名音乐制作人，定制“鬼畜音乐”，歌词体现了白领的生活压力与剥虾吃虾时的灵魂释放，并在抖音上发布，通过音乐的魔性洗脑式传播，引发粉丝拍摄同款视频，促成二次曝光。

创造年轻群体当下的宵夜场景，将肯德基小龙虾融入音乐社交。上线当日，与 Follow Da Tempo 派对异业合作，在派对现场开展试吃活动，参与者既能打卡网红地也能拍照，从而打造出年轻群体的宵夜聚合新场景，构建起了与年轻群体的新链接。

通过吃播做用户与产品的“链接器”。在新品的持续爆发期，在“吃播经济”越来越火的情况下，邀请西安本地吃播 up 主在线尝鲜，引发粉丝关注下单。

打造病毒海报组合。通过将城市限定产品与古城地标结合，制作病毒海报，释放产品卖点，从而塑造不同的宵夜场景，引发粉丝产生共鸣。

3. 实施

由于产品的特殊性，在短视频拍摄执行过程中团队的拍摄制作时间以及前期的准备时间都比较有限。2020 年 7 月 24 日，首批产品到门店后，团队第一时间拿到产品进行拍摄，确保上市当日短视频同步上线。低成本的预算，使拍摄环境、设备、演员都比较受限，但短时间内拍摄完成的短视频仍然获得了客户的认可。

创作音乐时，考虑到短视频平台的粉丝大部分都会对魔性洗脑的旋律与歌词印象深刻，于是歌词中有很多重复的部分，如“宵夜就是嗨嗨 / 剥虾剥虾剥虾”等，

图 8-2　KFC 宅急送灵魂宵夜海报

且电音颤音效果明显，从而能够让粉丝快速记忆。音乐上线后，同款视频引发粉丝跟风跟拍。

海报设计选取了西安的地标建筑，如回民街、曲江 W 酒店、大雁塔等，结合不同状态（工作状态、宅家追剧状态、游戏状态）下的不同宵夜场景，突出了灵魂宵夜的卖点——宅急送（见图 8-2）。同时，文案还结合了西安本地方言，使得肯德基小龙虾产品的区域限定特色一目了然。海报于 2020 年 7 月 24 日与产品同期上线。

肯德基宅急送产品首次尝试以吃播形式进行线上推广，同时进行了 3 次现场抽奖，与粉丝形成了良性互动，吸引在线观看粉丝当场下单。直播在 2020 年 7 月 27 日工作日晚上 7 点进行，避开了周末出游高峰，便于聚集线上流量。

产品上线当日，即 2020 年 7 月 24 日，肯德基宅急送在古城西安赞助了一场“重返街头”的 Follow Da Tempo 派对。现场的年轻潮人上演了一场火辣与刺激兼具的战斗，正所谓白天身披战甲全力奋斗，暮色降临剥虾享受正当时——“肯德基宅急送川香麻辣小龙虾，带你释放灵魂、热爱燃烧”。通过音乐，剥虾的社交场景也让年轻用户对肯德基宵夜有了深度认同。

4. 项目效果说明

抖音话题 # 灵魂宵夜小龙虾 # 的播放量高达 971.5 万，吃播观看量达 9 569（见图 8-3），战绩超过了 98.39% 以上的主播。视频、吃播、海报、线下派对等共计曝光量超过 1 300 万。

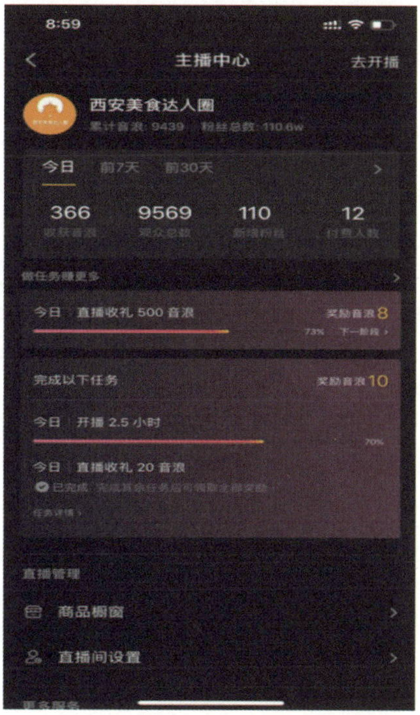

图 8-3　肯德基宅急送产品吃播数据

（1）请结合本次肯德基项目的实施情况，将相关信息填入下表。

传播区域	
媒体覆盖	
触达人群	
广告态度	
品牌态度	
传播效果	
创意评价	

（2）结合上述肯德基案例，试为其在 5 万元的范围内做出媒体预算分配表，结合它实际的媒体投放情况，思考它的低预算媒体计划是如何实现的，有没有其他的辅助手段？换成其他品牌是否也能成功？

媒体	费用
总计	50 000 元

评价：

★ 补充知识点 8.1.1：预算的影响因素

影响预算制定的重要因素包括：目标市场的大小；广告策略或创意的针对性；具有竞争优势的活动支出；利润贡献率；广告频次；媒体成本；媒体战略或媒体采买渠道的变化；企业的财务承受能力；产品生命周期；产品风险和可替代性等 。

拓展阅读：广告预算设计技巧

★ 补充知识点 8.1.2：如何控制预算?

通常有三种控制机制，一是时刻对已定预算（B）和已付开支（A）进行估算，如表 8-2 所示。

表 8-2 对已定预算和已付开支进行预算估算

	年预算	1 月	2 月	3 月	4 月	5 月	6 月
媒体广告制作费	BA	BA	BA				
印刷品							
直邮							
展销会							
视听材料							
公关服务费							
公关成本							
促销 / 活动费用							
网页设计							
各媒体平台投放费用							
其他							
合计							

二是记录已经确定、不能撤销的款项，不是所有的开支都应被列为已确定款项。三是按当月实际发生的发票登记，按供应商、供货商和费用分类。

知识点 8.2：广告策划书写作要求

撰写目的要明确；能体现出问题之所在，突出解决问题的核心观点；逻辑清晰，说理有理有节，避免冗长；语言流畅，表达有活力，易于阅读；资料使用充分，观点突出，系统全面；切实可行，要服务品牌建设，重视方案的落地性。

★ 补充知识点 8.2.1：广告策划书写作要点

（1）广告希望达到的目标和效果。

（2）目标受众是谁？其人文特征和心理特征如何？

（3）目标受众看了广告有可能有什么想法？会有什么行动？

（4）产品的定位、独特点及发展历史等。

（5）定位的支撑点及任何有助于发展创意的信息。

（6）广告给消费者做了哪些承诺？

（7）广告要表现怎样的格调？

（8）预算限制，媒体发布的特点及频次。

★ 补充知识点 8.2.2：广告策划书的写作技巧

（1）信息组织技巧：结构清晰，重点突出，层次分明。

（2）行文技巧：标题明确，短段短句，序号清楚，用词简明，摘要准确，信息可信。

（3）吸引受众的技巧：符合受众的理解水平，换位思考，引发共鸣。

（4）视觉化技巧：恰当使用图表和图片进行辅助，图像清晰悦目。

（5）文件包装技巧：布局合理，版面大气，装订专业，字体合规。

案例与练习

“踢不烂”的鞋

户外品牌 Timberland（用户戏称为“踢不烂”）用“踢不烂”作为标语，在 2021 年发布的最新品牌片里强调：在这些踢不烂的故事里，找到属于你的故事（见图 8-4）。

图 8-4　Timberland 品牌广告

哪有穿不坏的鞋，只有踢不烂的你
可能所谓成长
就是有几段路，只能一个人走
走着走着，鞋就穿坏了
穿坏了，换一双新的
哪有穿不坏的鞋
只有踢不烂的你

如果由你来做这次策划，你觉得应如何在策划书中突出这个创意点？

知识点 8.3：广告策划书的作用

启动和检测广告活动；保证广告战的严谨性；保证广告工作的连续性和最佳效果；保证广告活动的创造性。

案例与练习

珀莱雅“毕业第一年”主题营销活动

作为国内高端护肤产品，珀莱雅秉承年轻无畏的发现精神，以前沿创新配方和科技为核心实力，致力于为年轻人提供更安全有效的肌肤解决方案，引领科技美学趋势。2021 年年初，珀莱雅发起“毕业第一年 与新世界交手”的新年主题活动（见图 8-5），搜集了 82 个应届毕业生的真实故事，进行了一场与初入职场年轻人的深度对话。这些故事大都关于职场、家庭、友情等，珀莱雅将它们绘制成插画，在全国最深的网红地铁站——重庆红土地地铁站展出（见图 8-6）。同时发布了项目视频与海报。2020 年突如其来的疫情，使 2020 届毕业生经历了更多的挑战，也使他们深刻体会了就业的艰难。对这一届毕业生而言，2021 年是他们正式离开学校、踏入职场的第一年，前方充满了无限的未知与挑战，需要他们勇往直前。而珀莱雅正是秉持“趁年轻，去发现”的精神，将目光聚焦于毕业第一年的年轻群体，“超长插画展”吸引了众多网友打卡拍照，微博话题 #被重庆最深地铁暖到了# 引起 3.4 万讨论，获得 3 814.9 万阅读量。

图 8-5 珀莱雅新年主题活动海报

另外，珀莱雅还发起#毕业第一年#话题，该话题一上线，就引发了广大网友的共鸣，纷纷分享自己毕业第一年的故事。该话题达到了5 148.1万阅读量，引发了4.2万讨论。珀莱雅的营销活动引发了年轻群体的广泛共鸣和强烈反响。从产品的价值塑造转向情感价值的传递，借助“毕业第一年”的话题输出，珀莱雅将品牌的年轻化形象解构为“发现自我”的人生态度，从而使消费者对品牌有了更具象化的感知。

图 8-6　珀莱雅举办的地铁插画展

广告策划的想法要落地，首先就要通过广告策划书表达出来。结合珀莱雅的案例分析它的广告活动是否按策划思路展开，是否有其他更优的选择。

知识点 8.4：广告策划书的写作原则

（1）逻辑思维原则：按提出问题—分析问题—解决问题这一顺序展开，关键是找准问题的切入点，归纳总结，而不是进行推想。

（2）形象化原则：恰当地应用图表、图片等视觉化手段，避免单一文本叙述，根据广告主的风格进行适当的包装设计。

（3）简洁朴实原则：强调实用性和针对性，避免长篇大论、华而不实。用事实说话，精简扼要。

（4）可操作性原则：既要有一定的超前性，也要有明确的指导性，通俗易懂。

★ 补充知识点 8.4.1：广告策划书的四种写作思路

（1）浪漫策划法，即首先提出策划目标，然后拿出实现目标的方案，继而利用资料、构想和判断对方案进行说明和支持。

（2）理念 HITS 法，即按照遇到问题怎么办（how），对想到的主意（idea）进行尝试（try），最终选定方案（select）这样的步骤展开思路。

（3）3P 法，即将需求的可能性、想法的可能性和测试的可能性作为判断方案整体可能性的方法，也称为“三阶段可能性追求法”。

（4）POS 法，即 plan-do-see 的简称，是指经过策划、试验进而确定方案的过程。

★ 补充知识点 8.4.2：广告策划书的写作技巧

（1）使用明确的标题：美国著名广告管理人阿尔伯特・拉斯克认为，“你必须先写标题，写完标题后，再用艺术阐明标题”。好的标题能够引导读者进入正文。

（2）使用短小的段落：伯恩希尔・哈特利于 1978 年做了一组实验，两组学生分别阅读不同的材料，有的材料之间有空白行，另一些材料没有空白行。实验结果表明，读空白行的那组学生的记忆成绩超过对比组学生 6%。

（3）使用明确的序号：对于信息丰富的长段落，考虑分栏，用序号将其拆分成小段落；提供导向图，如目录以及信息丰富的小标题，用以突出解决问题的核心观点。

（4）避免使用专有名词：少用、慎用代名词或缩略语；考虑到策划书读者的年龄和文化层次，不建议使用网络热词和各种表情符号。优先采用 KISS 原则（keep it short and simple）以保持简短和简单。用常用词表达想法，删除不必要的赘述，一个句子表达一个想法即可。

（5）提供摘要或结论：提供资讯来源以增强可信度，实验数据、顾客证言、专家和名人的意见都有利于增强可信度；使用有力的论据，如独立的第三方数据；专注提供正面论据；附录部分最好提供有关数据和方法的详尽信息，提供可能的链接。

（6）尽可能不使用脚注：写策划书不是写论文，资料使用应合理，避免大量引用客户已经熟悉的材料。

（7）避免错别字。错别字很容易被忽略，因而需要由他人对策划书进行校对，毕竟错别字和小错误会显得自己不够专注和细致，进而令人怀疑你的专业素养；同时，语言要流畅，易于阅读。

★ 补充知识点 8.4.3：广告策划书的表现技巧

（1）封面。设计精致，材质有厚重感，显得专业、高级。

（2）图片。图片的使用应与标题或信息有关，并用清晰易懂的文字进行说明。

（3）图表。表格更容易被理解也更精确，如果需要用图表，尽量避免使用饼状图。

（4）字体。考虑采用易读、易认、较大号的字体，注意与背景的对比度。不要在阴影和网纹上写字，字体或背景一般不使用彩色。

（5）布局。遵守重力原理，平衡布局。可以通过布局来引导视线。

（6）电子版本。提供带可跳转目录的电子版本；电子版本可考虑彩色版本，配色参考如图 8-7 所示。

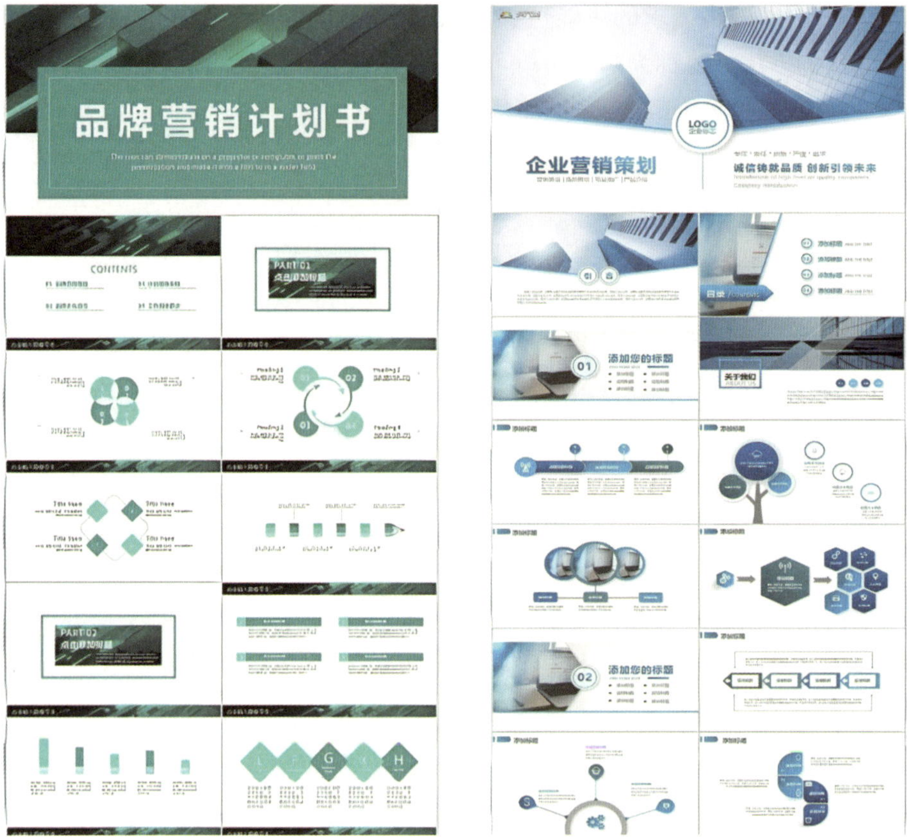

图 8-7　广告策划书配色参考示例

任务二　校外实训

实训任务：请各小组结合自己调研的品牌，在前期实地调研的基础上进行广告策划书的写作，要求形式完整、内容丰富、信息翔实、图文并茂、说服力强。需要突出策划方案的落地性和可行性；需要比较现有竞争对手的广告策划案，取长补短，并在此基础上优化自己的方案。

实训要求

- 积极参与，不得无故缺席。
- 重视任务，充分准备。
- 明确分工，各司其职。
- 统筹规划，按期提交。

评分标准

策划案设计满分 70 分，细则如下：

策划书的逻辑性	15 分
策划书的创新性	15 分
策略点的准确性	15 分
策划书的结构	10 分
执行设计的整体性	10 分
预算的合理性	5 分

实训操作流程

（1）在前期品牌调研、消费者分析、创意开发与媒体选择的基础上，小组成员按照各自擅长的部分拆分任务板块，各自完成策划书的一部分。

市场分析	负责人：
广告策略	负责人：
广告计划	负责人：
效果测评	负责人：

（2）对学生小组而言，广告策划书最不易做好的部分是预算和策划书的可行性。先集体讨论实操中的不确定或存疑部分，将问题提交给导师以获得指导。

问题 1：	指导意见：
问题 2：	指导意见：
问题 3：	指导意见：

（3）根据导师的指导意见开展策划书写作实训，参照前述广告策划书的创意规律、格式内容、写作原则，各小组在统一风格的前提下完成各板块的写作。然后成员间交叉评价，对评阅部分提出修改意见。

评阅意见：

修改建议：

（4）在完成了各部分的修改后，组长或擅长文字的组员要将策划书作为一个整体进行打磨，保证内容的整合性、风格的一致性。同时，检查各部分是否有重复和矛盾的地方，用语是否统一，并确定统一的格式。在下表中填写需要调整的内容。

章节是否有变更	
研究是否有不足的地方	
是否有重复的信息	
彩页的位置是否需要调整以达到视觉平衡	
封面和目录的调整	

任务三 课后练习

拓展阅读与练习

扫码阅读“华为 Mate 30 系列手机”推广策划案，思考并回答下列问题。

“华为 Mate 30 系列手机”推广策划案

（1）广告效果评估一般分为事前、事中、事后三个环节。事前评估就是在实施广告之前，根据选取的目标消费者来制定广告实施方案，确保广告效益达到最大化；事中评估就是在实施广告时，实时监测广告所带来的效应，及时进行调整；事后评估就是在整个广告实施完成后对广告效果加以评估。试对华为手机的广告策划案进行评估。

事前评估	
事中评估	
事后评估	

（2）很少有方案是完美的，请根据自己的理解，对这份华为手机广告策划案给出你的评价和可能存在的优化设计。

评价：   优化：

相关知识链接

余明阳，陈先红．广告策划创意学 [M]. 3 版．上海：复旦大学出版社，2007.

乔英久．广告策划 [M]. 北京：化学工业出版社，2012.

黄升民，段晶晶．广告策划 [M]. 3 版．北京：中国传媒大学出版社，2018.

刘刚田，田园．广告策划与创意 [M]. 2 版．北京：北京大学出版社，2019.

王亚卓．广告策划实务与文案撰写：如何成为杰出的广告人 [M]. 北京：企业管理出版社，2007.

西等．如何成为广告策划高手 [M]. 荆红艳，译．北京：北京大学出版社，2005.

朱海松．国际 4A 广告公司媒介策划基础 [M]. 广州：广东经济出版社，2005.

疯狂简报：https://madbrief.com

广告门：https://www.adquan.com

豆丁网：https://www.docin.com

艾瑞网：iresearch.cn

华为年报：https://wwww.huawei.com/cn/annual-report

项目九

广告策划实务之提案与效果评价

教学要求

训练团队的协同能力与执行能力，考查小组成员输出作品时的表达能力与展示能力，以及在提案现场的应变能力。

教学方法

以实际训练为主的练习法；实验法；实习作业法

开篇案例

B站《后浪》[①]

2020年5月4日是我国第71个五四青年节，B站携手表演艺术家何冰，向中国青年一代发表了以“时代”“青年”为核心内容的演讲（见图9-1）。从广告的角度来看，这是一场非常优秀的提案展示。视频中何冰非常羡慕这个时代给人们带来了新的文明、科技的红利、自由的选择等，这些都是他们那辈人在青年时代所渴望的。同时，也表达了对现在青年一代的敬佩，敬佩年轻人给时代带来的创造力与活力，以及勇于拼搏的勇气。

图9-1　2020年B站推出的品牌推广视频——《后浪》

① 关于五四青年节，B站有话说[EB/OL]. (2020-05-06)[2022-05-29]. https://www.digitaling.com/projects/111719.html.

这波操作可圈可点。在内容上，视频中说到的“传统与现代”“经典与流行”“学术与大众”“民族与世界”这几对极具张力的词语，充分展现了B站是一个多元化平台。这里聚集着一群年轻人，在这里他们能打破文化壁垒，实现共享。在形式上，让一位专业素养强的前辈作为演讲者，不仅增强了演说的厚重感，更是老一辈与青年间的对话与交接，实现了一种情感上的双向链接。百年前的五四运动是一场传播新思想、新文化、新知识的伟大思想启蒙运动。百年后的今天，我们正是在五四精神的传承下，创造了多元化的审美和价值观、充满朝气的新文化。

《后浪》在B站首发当日就实现了超30亿的全网曝光量，日排行全站第一，超20家主流电台报道，App单日下载量突破14万，B站股价暴涨6.7亿美元。B站这一广告创意是广告圈里的“故事大王”上海胜加策划的。不得不说，这一广告对于改变B站的品牌形象起了巨大的作用。B站以往给人的感受更多的是二次元、鬼畜文化，是一个小众、不入流的社交平台。但随着不断发展，B站用户也在持续增长，其内容也在向纵深发展，B站不得不重新进行自我定位。作为一个聚集了大量青年人的平台，其发挥的作用也不断增强，承担的社会责任也越来越多。很显然，B站这次正是想利用《后浪》来提升品牌影响力，构建品牌的核心内涵和文化，为品牌树立良好的形象，最终促使自己走向主流。

背景知识：提案的基本原则

- 面对不同的受众应采用不同的策略
- 面对不同的信息应采用不同的策略
- 面对不同的时代、社会环境应采用不同的策略
- 面对不同的传播竞争者应采用不同的策略
- 根据不同的媒体条件应采用不同的策略
- 根据不同的时机应采用不同的策略
- 根据不同的主题内容应采用不同的策略
- 根据不同的环境和场合应采用不同的策略

思考与讨论

（1）B站邀请一位老艺术家为一个年轻人聚集的平台代言，这样的组合是否合理？

（2）仅仅靠广告片的内容就能获得超高的关注和流量吗？B站一夜出圈的秘诀在哪里？请阅读相关资料，对广告片背后的推动力量进行分析。

（3）有人认为，B站的这波推广只感动了自己或者看广告的“前浪”们，并没有触动真正的目标用户，对此你怎样评价？

（4）观看《后浪》视频，结合案例和提案的基本原则对《后浪》的提案进行评价，指出可能存在的有待完善之处。

任务一
课堂讲授与训练

知识点 9.1：提案

拓展阅读：提案PPT的制作与比稿

提案是借助视听媒体进行口头表述的一种方式，力求透过理性思考与逻辑辩证，将一个概念转化成可被具体评估或操作的报告。提案者需要具备良好的口头表达能力、文字能力、创新能力，以及会使用辅助工具，如PPT、实物展示架、提案板等。

在广告策划活动中，提案能传达大量信息，具有非常重要的劝说作用。为了体现企业的专业性，现在许多企业在提案时会播放能够体现自己创意的样片，以表现专业性和制作水平。提案是对策划案精华的展示，应突出重点，强调创意点，抓住客户的注意力。提案一般由团队中表达能力最好的一个人完成，避免出现多人提案的情况，但提案人应对方案非常熟悉；另外由高层负责人提案更能体现对项目的重视。

★ 补充知识点 9.1.1：提案流程

在完成前期的资料收集和整理的前提下，准备好书面稿和PPT以及草图或故事板；小组代表陈述，进行项目论证说明；评委全程观摩并听取汇报；评委提出问题；小组代表回应提问；评委对提案打分。广告提案演示成功与否直接影响企业是否选择一家广告代理公司为自己服务，因此，要想获得企业的认可，不仅需要在前期将工作准备充分，也需要在广告提案演示时表现优秀，更需要真正满足企业的需求，解决企业的问题，为企业呈现一个可行的解决方案。

为了使提案的效果更为理想，在重要提案之前建议小组进行提案彩排，以便集思广益、找出提案中的问题并加以改正，争取达到预想的效果。

思考与练习

请在下框中填写你认为提案彩排时应注意的问题。

★ 补充知识点 9.1.2：提案准备要点

（1）形象准备：干净清爽，着正装，无口气。

（2）适当热身：模拟提案，尽可能多准备些问题。

（3）优选提案人：单人提案为佳，团队提案存在衔接问题。

（4）简洁表达：思路清晰，能用最短的时间讲清楚想法。

（5）控场能力：心态稳定，面对客户刻意提问不骄不躁。

你认为广告提案演示过程中需要注意哪些问题？

- 提案主题
- 提案对象
- 互动水平
- 快速反应能力
- 时间控制能力

…………

思考与练习

请在下框中写下你的思考。

★ 补充知识点 9.1.3：一般公司对提案的评价标准

在评判提案的效果时，可参考表 9-1 中提案的评价标准。

表 9-1　提案的评价标准表

评价指标	评价标准
方案	有创意，形式独特，能较好地体现品牌形象，有亮点和创新性，符合要求
执行细节	条理清晰，细致周全，时间安排合理，环节衔接科学，能按计划完成项目
配套资源	执业人员经验丰富，案例优秀，服务过同类品牌，物资充分且丰富

★ 补充知识点 9.1.4：如何使走神的客户关注你的提案

如在演示提案时客户出现打瞌睡、抢先提问等情况，可参考表 9-2 来处理。

表 9-2　提案现场应对表

不听发言	转换话题（加入插曲）
打瞌睡	选择合适的时间段和提案人
自行翻页	现在我们就某某页进行几点说明
抢先提问	先简单总结，得出自己的结论再回答
无意义的提问或应否定的提问	避免否定性评价，先重复客户问题再回到自己的主题

案例与练习

安踏东京奥运会品牌片

安踏作为中国体育用品的领军企业之一，主要从事体育用品的设计、开发、制造和行销工作。安踏集团坚持“单聚焦、多品牌、全渠道”的发展策略，旗下有多个知名品牌，能满足消费者的多元化需求。安踏以一句“永不止步”作为宣传口号，口号始终深入人心，成为一个很好的记忆点。从 2015 年起，安踏集团一直是中国最大的体育用品集团之一。

2021 年正值东京奥运会，是各品牌尤其是运动类企业借势营销的好机会。安踏已累计为中国 28 支国家队打造过奥运装备，2021 年安踏也为 2021 年中国国家队设计了奥运装备。安踏的英语标识“Anta”在希腊语中意为“大地之母”，而希腊是奥林匹克运动会的发源地，“Anta”喻指安踏所奉行的“更快更高更强更团结”的奥运精神和产品运动性，涵盖了安踏文化和灵魂及现代体育精神。

BBDO 作为安踏的广告代理机构，为其拍摄了一部东京奥运会的品牌片（见图 9-2）。品牌片选取了多位奥运健儿的训练瞬间，用“快一点”“高一点”“强一点”“行不行”几个小主题进行分割。在片中，“还行不行？”这个问题不断被提出，实际上这是自己和自己的内心对话，是对每个人在面对自己的信念时，不断质疑又不断突破的一种坚定表达。

图 9-2 安踏东京奥运会品牌片《他们就是中国》

品牌片中，安踏官方代言人担任旁白，对“更快更高更强更团结”的奥运精神进行了中国式解读，提出了“爱运动，中国有安踏”的宣传口号。品牌片中混剪了普通人的运动时刻，有爱运动的体操儿童、街舞儿童、跑步爱好者、跳远选手、跑酷运动员、足球少年、篮球少年、瑜伽老师等，体现了运动的全民性，专业和非专业选手的汇集表达了全民运动的主题。

观看安踏东京奥运会品牌片后，思考当奥运会因不可控因素而延期时，如何保质保量地完成品牌宣传的任务。在提案时考虑出现不可控情况时的备份方案，备份方案应具有应变性、可控性、可行性。在下框中列出你认为可能会对品牌宣传产生影响的变量。

随着移动互联网的飞速发展，现代广告提案越来越多地在线上进行。请思考在线提案中的关键影响因素有哪些，如何提升在线提案的效果？

知识点 9.2：广告策划效果评价

在对广告策划效果进行评价时，应重点考虑以下方面：策划案的逻辑性、策划案的创新性、策略点的准确性、策划案的结构、执行设计的整体性、预算的合理性、PPT 制作、现场表达、回答问题的水平。

★ 补充知识点 9.2.1：策划效果检查清单

在检查策划效果时应重点检查以下指标，如表 9-3 所示。

表 9-3　策划效果检查清单

检查指标	注意事项
目标市场	及早突出地指出目标市场
广告一致性	广告战各部分协调一致；广告时间一致
对比广告	若存在强论据可考虑与竞争对手进行对比
广告口号	考虑包含品牌优势的精简而难忘的口号
品牌标识	使用品牌标识表达意义或情感；在长期广告战中强调品牌标识
视觉材料	运用能唤起产品积极联想的视觉材料
色彩	运用色彩来吸引注意力
幽默	知名的低卷入度产品可使用幽默的元素；高卷入度产品只在与简单论据有关时使用幽默元素
性诉求	只有与产品相关时使用
模特	要与目标市场和产品匹配；漂亮模特适合用于美容或提升社交能力的产品
技术质量	力争以低成本获取优良的技术质量

★ 补充知识点 9.2.2：广告效果的评价

广告效果评价分为事前评价、事中评价和事后评价。事前评价主要采用访问法、焦点小组法、仿真比较法等；事中评价主要采用市场试验、回复测试、机器监测等方法；事后评价主要采用回忆法、识别法、销售反映法等。

思考与练习

用上述指标对前文案例中的安踏品牌片进行评价。

检查指标	评价
目标市场	
广告一致性	
对比广告	
广告口号	

品牌标识	
视觉材料	
色彩	
幽默	
性诉求	
模特	
技术质量	

知识点 9.3：MAAD 模式

MAAD 模式的全称为 multiple anonymous authentic dissent，即多个匿名真正异议者。MAAD 模式涉及所有参与某个提案的专家，大家都来扮演异议者。每个人独立指出提案中所有可能的缺点，以匿名的方式将缺点清单交给一位中立的管理者，由其对所有清单进行整理、总结，然后转交给提案小组成员。每位专家假定自己的每个反对意见都有可取之处，需要说明如何处理反对意见，然后再次将清单匿名提交给管理者。最后，提出的改进意见由管理者汇总并提供给提案小组，以便他们能据此进行修订。这个 MAAD 过程可以在提案休息期间单独进行。

思考与练习

小组成员应用 MAAD 模式对前文案例中安踏的广告案进行独立评价，组长汇总每个人的评价后进行集体讨论，提出优化方案。需要评价的部分包括广告概念、广告代言人、广告文案、广告可能的社会影响等。

独立评价：   优化方案：

★ 补充知识点：其他测定广告策划效果的方法

（1）专家意见法。又称“德尔菲法”，是指将广告交由专家审定并按规定指标打分，根据分值高低进行广告效果评定。

（2）机械式记录。这一方法由杰拉德·艾斯金博士提出，步骤为用机器记录同一人的电视收视状况和购买行为，将机器调查和口头调查的结果进行对比。或将信用卡分发给被调查对象，通过其在超市刷卡购物的行为来观察广告的效果。

（3）组群测试法。通过组织一群消费者同时观看或收听一组广告（5~10 则），在给予辅助或不予辅助的条件下要求消费者回忆广告内容，以了解信息的效果。

（4）直接反应法。通过计算直销、店面销售或网络下单的总量来量化广告带来的销售额的增长，以此来评价广告的效果。

（5）AIDMA 心理效应调查。A 代表 attention（注意力）；I 代表 interest（兴趣）；D 代表 demand（欲望）；M 代表 memory（记忆）；A 代表 action（行动）。正常情况下结论呈倒金字塔结构，即从第一个 A 到最后一个 A 的数据理论上应是递减的。

知识点 9.4：广告策划效果的特性

（1）间接性：受众接触到广告后并不立即产生购买行为，有一定滞后性。

（2）滞后性：销售量的峰值往往出现在广告投入的峰值之后。

（3）累积性：受众对广告信息的接收是一个动态过程，需要不断刺激以加强印象，如已提升的广告意识和未提升的广告意识、广告商想要突出的品牌特色等。

（4）耗散性：产品的同质化会造成竞争品牌增加，广告信息的混战会造成受众疲劳，从而损耗广告效果，例如已提升的广告产品和品牌意识及未提升的广告产品和品牌意识，以及品牌与广告的消极联系和积极联系等。

（5）层次性：可分为眼前效果和长远效果，或经济效果、心理效果与社会效果。

（6）整合性：广告策划的效果与企业的整体战略密切相关，产品开发策略、定价策略和其他推广策略等都会影响广告效果。

★ 补充知识点：广告效果评价指标

（1）到达效果，包括场景覆盖、广告到达等指标。

（2）认知效果，包括广告知晓、话题讨论、接触场景等指标。

（3）态度效果，包括广告理解、广告好感、广告认同等指标。

（4）行动效果，包括搜索、互动、响应、分享等指标。

（5）关联效果，包括广告执行、赞助力度、发布渠道、决策影响等指标。

思考与练习

结合自己的课后调查，对前文案例中的安踏广告策划的效果进行评价。

到达效果	

认知效果	
态度效果	
行动效果	
关联效果	

任务二 校外实训

请各团队自主完成整个策划项目的创意简报，设计展示 PPT，准备好提案工作；赴广告公司完成模拟项目提案；完善策划书。

实训要求

（1）积极参与，不得无故缺席。

（2）重视任务，充分准备。

（3）规范着装，言行合礼。

（4）沉着冷静，灵活应变。

评分标准

提案现场表现满分 30 分，细则如下：

PPT 制作	10 分
现场表达	10 分
回答问题的水平	10 分

实训操作流程

（1）各小组针对自选的客户项目进行完整的全方案内容展示。该环节要求全方案内容具有逻辑性、创新性，策略点准确，能满足客户需求，能为客户提供解决方案。

PPT 缩略图展示：

（2）按抽签顺序提案，每组有 20 分钟陈述时间，10 分钟回答问题时间。该环节要求提案者具有较强的表达能力，语言简洁，观点鲜明，且能表述清楚观点之间的逻辑性，突出提案主题。

核心主题：   问题及应对：

（3）提案者的准备：

• 形象准备——有激情、专业、自信。

• 口头表达——吐字清楚，普通话标准，语速适中，讲述简洁，围绕主题，有新意。

• 控制力——能用各种技巧吸引观众。

• 讲义准备——提供简单的大纲和可以记录的留白空间。

提案进程中控制听众注意力的方法：

• 适当停顿，表达对当下展示内容的重视。

• 加快节奏，可略过一些细节或常见内容，留出时间给重点内容。

- 活跃气氛，如转换语调等。
- 开场提出悬念，让客户保持好奇。
- 保持和客户的眼神接触。

（4）回答难题的方法：

- 隐晦的提问。开放型问题通常并不明确指向具体内容，常见的多以“你觉得怎样会更好一点”这样的形式提问。这种情况一般是提问者有疑问但想法还未成形，一边思考一边提问。回答这种问题的方法是把对方的问题进行更具体的表达以征询对方的意见，或者请提问者重复一下问题。在重新表述的过程中问题会变得更为明确。
- 关于负面情况的提问。如在提案设计中使用了影响力较低的平台等问题，如果前提属实，需要陈述理由，如“影响力较高平台的费用报价超过预算太多”等。也可通过重新表述问题，来使问题的表达较趋中性，如“平台虽影响力较低，但覆盖面符合目标客户所在区域”等更容易让客户接受。此外，需要注意客户语言的感情色彩，如果客户表达了明确的不喜爱的情绪，应用积极态度应对，提出可能的替换方案。
- 无法直接回答的问题。如二线品牌强行对标一线大牌策略，应尽可能转移提问焦点，间接回答问题。如忽略一线二线品牌之分，只在策略适用度上进行讨论，提出双方都能接受的优化方案。
- 学会倾听。客户的提问有时是以问题的形式提出建议，并不需要及时给出答案，表示感谢即可；如果问题过于复杂，则需要换一种方式重新表述一次，以确定你的理解无误。

（5）专业老师与业界导师评价。该环节要求虚心认真地听取专业老师与业界导师的评价，多与专家沟通，反思广告提案的不足和有待优化之处，以便改正。

评价：

优化建议：

（6）提交正式策划书。策划书可以在提案展示活动结束后一周之内完成并提交。小组根据提案结果（策划案评估清单见表 9-4）对整个策划内容进行完整的梳理和检查，然后在专业老师和业界导师进一步的指导下修改内容与完善设计，最后提交一份正式的策划书。

表 9-4　策划案评估清单

策划的目的是什么？能解决什么问题？预期效果如何？
策略和概念的普及性如何？策略的清晰度如何？
主要传播形式的效果如何？视觉表现水平如何？
能给消费者和经销商留下怎样的印象？
能否提升品牌的美誉度、知名度和忠诚度？
媒体组合和预算的可行性如何？
效果评估的方法和成本都有哪些？

（7）结合提案过程和修改过程，在下框中记录自己在策划与提案过程中的心得体会。

任务三　课后练习

网络辅助学习

将下面这个案例的文字描述用 PPT 进行可视化。要求 PPT 不少于五页，页面设计要赏心悦目，内容上要重点突出、思路清晰、呈现全面，叙述顺序可变，适于会议性展示。文件需要在课程结束一周后发送到指导教师的邮箱。将 PPT 缩略图贴到后面的空白框中。

案例：肯德基火辣脆鸡广告[1]

奥美公司是世界上最大的营销传播机构之一，主要提供广告、公共关系、医疗

① 聪明到爆炸的 KFC 炸鸡广告，不解释也能让全世界看饿！ [EB/OL].(2018-04-26)[2022-07-15]. https://www.digitaling.com/projects/26921.html.

健康营销等服务。奥美公司由“现代广告之父”大卫·奥格威于1948年在美国纽约创立。奥美将自己定位为360°品牌管家，通过整合营销专利工具Fusion，实现对各个领域传播活动的整合，帮助客户的品牌与消费者建立双向沟通渠道，更加有效地完成产品行销，达到传递品牌理念的目的。同时，通过大数据分析，奥美能够使品牌精准定位，找准目标市场，确保每次营销活动都具有创造力和有效性。

奥美香港广告公司为了庆祝重新上市的肯德基经典产品“香辣炸鸡”，为肯德基打造了一组创意广告——“聪明绝顶的炸鸡广告”。肯德基作为世界跨国连锁餐厅之一，它的创意广告一直被认为“脑洞大开”。这次由奥美香港广告公司打造的炸鸡广告也一如既往地具有创造性。

奥美香港广告公司借助引人注目的美剧《权力的游戏》的重归，为肯德基推出了庆祝首映的“热辣炸鸡”广告（见图9-3）。肯德基炸鸡的松脆外壳一直是吸引消费者的一大特色，而奥美公司则抓住产品特质——炸鸡的松脆外壳，将炸鸡比作一团火焰，再配上《权力的游戏》的经典背景，精准而巧妙地将两者相关联，提升了这款产品的热度与知名度。不管是航天飞船发射升空，极速赛车风驰电掣，还是好莱坞动作大片的经典镜头，热辣炸鸡的震撼特效仿若一团热浪扑面而来，极大地勾起了消费者的食欲。炸鸡系列广告一经问世，便获得了国际创意界的好评，还获奖无数，如D&AD户外广告类奖。这则广告的创意之处就在于将炸鸡意象化为一团火焰，让产品“消失”了。

图9-3 肯德基创意广告

不得不说，奥美公司的创意确实让人佩服，通过广告创意提升了与消费者沟通的质量。其实奥美与全球许多知名品牌都合作过，创造了无数奇迹，如百胜集团、联合利华、飞利浦、雀巢、可口可乐等。奥美集团全球创意总监谭启明认为：“品牌营销是需要叙述故事的。”通过讲故事的方法来体现广告创意会使广告效果更好。而与热播剧集的联合营销也能触及剧集粉丝的消费点，使剧集粉丝对肯德基的新品有更强烈的尝试欲望，将剧集原有的粉丝引流为店内的潜在顾客。对魔幻之境的向往让顾客不再纠结于品味本身，而更多地沉浸在自己的想象世界中，炸鸡仿佛变得更加美味了。

小组练习

思考在提案现场可以使用哪些方法和手段来吸引现场听众的注意力？在下框中列出至少三种可能的方法或手段。

1.

2.

3.

拓展阅读与练习

案例：快手超品日

2021年三八妇女节，快手超品日联合薇诺娜、完美日记、韩熙贞等护肤、美妆品牌，以“绽放你的超美力”为主题，推出一系列的活动。同时，快手超品日另辟蹊径，对几位名字叫“美丽”的女性进行了采访（见图9-4）。她们年龄不同，职业不同，快手同她们进行了与“美丽”这个话题相关的一系列对话，展现她们对美丽的态度，唤起她们对自己的美丽的认可。

图 9-4　快手超品日三八妇女节微访谈

快手超品日通过这样一场社会性讨论事件，从女性本身出发来产出“女性观点”，引发社会对女性美丽话题的讨论，并最终实现用户与平台的情感链接。在三八妇女节这个节点，“美丽”一词无疑是出镜率最高的词，而面对三八节这个特殊的节点，快手超品日基于自身的平台特点和属性，让首次开启整合营销活动的“快手超品日 IP”做到了充分吸睛，又不乏深度和内涵。

“美丽”二字对女性来说，不只是一个代名词，不只是别人的评价，更应该是对自己的认可。这就是快手超品日此次三八节想要传达的态度：每一个女性都是美丽的，每一个女性都需要去发现自己的美丽、认同自己的美丽，每一个女性都可以自信地对自己说一句“我就是美丽”（见图 9-5）。

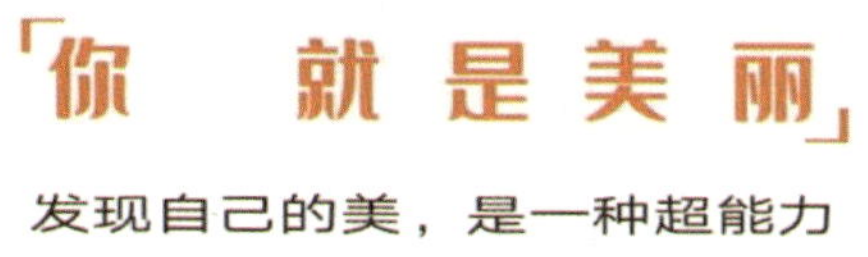

图 9-5　快手 TVC 短片的主题

根据案例分析并思考如何精准捕捉用户的情感共鸣点，如何打动用户。

观摩感兴趣的国内外广告比赛提案现场的视频，总结可借鉴的经验，将体会填写在下表中。

观摩要点	经验体会
演讲技巧	
提问技巧	
互动设计	
创意展示	
调研结果呈现	

相关知识链接

阿姆斯特朗．广告说服力：基于实证研究的 195 条广告原理 [M]. 吴国华，林升栋，康瑾，等译．北京：商务印书馆，2016.

黄升民，段晶晶．广告策划 [M]. 3 版．北京：中国传媒大学出版社，2018.

刘刚田，田园．广告策划与创意 [M]. 2 版．北京：北京大学出版社，2019.

曾红宇．广告策划与写作实务 [M]. 北京：清华大学出版社，2016.

项目十

广告策划人的自我修养

教学要求

通过课堂知识点讲授与案例展示，理解广告策划人在广告活动中的地位与作用；训练各小组在团队合作和个人能力发挥之间找到平衡；培养广告策划人的专业度、温度和态度。

教学方法

以语言传递信息为主的谈话法；讨论法；案例法

开篇案例

诚品书店 0 公里

诚品书店（见图 10-1）从 1989 年开始营业，本着人文、艺术、创意、生活的初衷，开创了复合式书店经营模式，营业范畴逐步涉及展演、画廊、餐饮、行旅、基金会。

图 10-1　苏州诚品书店

与传统书店不同，诚品书店极富态度和个性，更像是精神上的圣地、灵魂的栖息所。2021 年，京东联合诚品书店发布了一则视频广告，从文学、空间、艺术三方面输出了“诚品”的品牌理念，展示了极具诚品书店调性的美学视觉，并官宣了诚品书店入驻京东。

从世界读书日的《低着头向上看》到这条《0 公里的诚品》(见图 10-2)，诚品书店回答了当代人关于“读书”的“5W”。

《低着头向上看》回答了关于读书的“What、Where、Who、When”这四个问题：

What——读书是什么？是“低着头向上看”。

Where——在哪里读书？地铁、图书馆、家中、保安亭，哪里都可以。

Who——读书的人是谁？每一个普普通通的人。

When——什么时候读书？黄昏深夜皆无不可。

《0 公里的诚品》则回答了最后一个问题“Why”：

Why——为什么读书？为了与庞大的精神飨宴相距 0 公里。

图 10-2 《0 公里的诚品》视频广告截图

如果说《低着头向上看》面向所有人，那《0 公里的诚品》就直接将目标瞄向了会走进“诚品”的那批人：有格调、小众，却不能去诚品书店。于是，京东直接将诚品书店搬进平台，让喜欢诚品书店的人可以与它 0 距离接触(见图 10-3)。

图 10-3 京东和诚品书店联合发布的广告《0 公里的诚品》

在诚品书店的文案里，你总会找到一些平时不易见到的名词：

离福楼拜 0 公里
离一种浪漫主义的情怀 0 公里
离包豪斯 0 公里
离一种引领时代的审美精神 0 公里
离凡·梵高 0 公里
离一种绝对炽热的艺术表达 0 公里
当诚品
没有了时空的限定
从文字到思想
从经典的到先锋的
一种庞大的精神飨宴
从此跨越山河湖海
来到你身边
这一次
让关于诚品的一切
离你 0 公里

这个长文案的绝美之处不仅在于三个层级的艺术表达，更在于它只说了一件用一句话就能让人瞬间明晰的事——“诚品”开网店了，而诚品书店的广告无疑是在不断抛出问题，提高消费者理解的门槛。这不禁让人感叹，即便是在“和光同尘”的路上，踟蹰的“诚品”也会是最难熄灭的那颗星。

诚品书店，在不断拉近其与生活的距离：24 小时不打烊，是诚品书店在时间上的 0 距离，而京东旗舰店，是诚品书店在空间上的 0 距离。诚品书店一直以来在做的，从未停止的，则是与“小众们”在思想上的 0 距离。

思考与讨论

（1）请谈谈你对本案中的“0 公里”的三个层级的理解。

（2）广告策划人为什么要读书？请回答你自己的关于读书的 5W。

（3）面对电子书的冲击，诚品书店应如何应对时代的变化？

（4）梳理一下国内网红书店的运营策略，思考诚品书店走网红路线的可行性。

（5）对读者而言，实体书店提供了生活中的第三空间，网店的出现会不会影响人们对品牌的情感投射？

（6）怎样为市井化的品牌增添文化气息、提升品牌格调，如双汇？在下框中写下三个可能的办法。

1.

2.

3.

任务一

课堂讲授与训练

知识点 10.1：专业广告策划人的必备要素

专业的广告策划人必须具备四个要素：意识、知识、技巧和态度。意识即与客户换位思考的能力，从客户的角度出发来考虑策划案的可行性，始终将客户的需求放在首位。知识来自对人文素养的积累，阅历和见识决定了一个人看问题的高度；只有成为生活中的一分子，才能积累认知，产生创意。技巧是指展现策划思路的能力，现在更多地表现为熟练应用新技术的能力。态度是指策划人的职业素养和道德修养，策划人的态度会对策划案的格调和档次产生直接影响。策划人的学习态度应包括以下几点：热爱并关注生活；反应快，悟性好；勇于发现；具备旺盛的挑战精神。

★ 补充知识点 10.1.1：广告策划人应该具备的知识

（1）关于陈述主张的知识，即善于用最简短的文字向消费者传递最清晰的信息。

（2）关于市场的知识，特别是对目标市场中的典型消费者要有充分了解。

（3）关于信息的知识，最重要的是将信息转化为促成消费者行动的助推剂。

（4）掌握信息传输渠道，即要有媒体相关的知识。

（5）关于交易通路的知识，要了解商品或服务到达消费者的全流程及渠道。

（6）关于广告效果达成的知识，如建立熟悉感、提醒消费者、传播信息、克服人类的惰性和增加产品的附加值。

（7）专业知识，特别是对特殊的商品或服务的了解。

★ 补充知识点 10.1.2：如何积累知识，成为专家

（1）充分利用自己的个人经验，对自己服务过或从事过的各个行业有较为深刻的理解，持续关注行业变化。参加行业会议、论坛，订阅行业资讯，保持与业内从业人员的紧密联系，都能帮助我们获得更多的信息。

（2）从职场和生活圈层中获得信息，勤于出差，因为变化的工作和生活环境能带来更多新鲜的体验和讯息。更重要的是，要有好奇心，没有好奇心的人对身边的一切都会熟视无睹，创意更无从谈起。乐于尝试新事物，乐于挑战自我，乐于向年轻人学习，乐于变换不同的生活轨道，变化本身就蕴含了无限可能。

（3）从学习的专业课程中获取信息，如传播学、心理学、社会学和文学等，并在工作中不断更新。人文知识常常融合汇聚，互相借鉴，条件允许的话可尝试涉猎理科，严密的逻辑体系对人文知识的梳理有极大帮助。

（4）扩大兴趣范围。兴趣是最好的老师，广泛的兴趣能带来多样的知识和更多的人脉，增加深度研究的可能性。广告人先要成为一个杂家，才有可能成为业内的专家。

（5）要有穷尽信息的精神。虽然互联网时代的信息仿佛无穷无尽，但在研究竞品的时候，品牌数量总是相对有限的，在可能的情况下如果能够将找到的竞品都体验和比较一次，做出的策划必然更有针对性。在此过程中，对此品类也将有更高的熟悉度。

案例与练习

百度《你说啥》

百度是国内第一大搜索引擎，也是一家为网友提供综合服务的互联网搜索平台，提供百科、贴吧、翻译等多样化服务，并且支持云储存、云计算等各类功能。百度将用户自身需求与算法技术相结合，运用特定策略为用户提供参考性信息。在 2020 年重阳节那天，百度推出了广告神曲《你说啥》（见图 10-4），以父母的疑问“这些词儿是啥意思”引出父母辈在这个快速发展的社会中，与下一代之间存在的巨大代沟，尤其是当一些网络流行语出现时，父母根本不知道那些词是什么意思。同时，采用“空巢”大妈喊话“不孝逆子”回答“这是啥”的方式（见图 10-5），来说明父母与子女之间缺乏沟通意愿和沟通时间的问题，引发了许多人的共鸣。

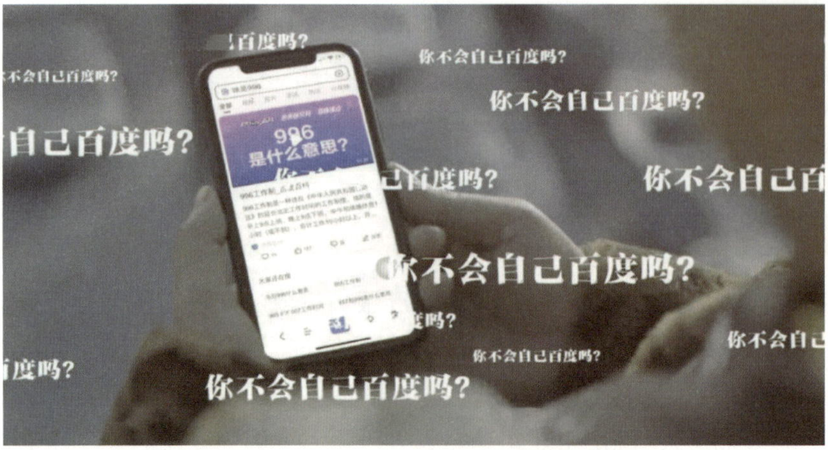

图 10-4　广告神曲《你说啥》视频截图（1）

图 10-5　广告神曲《你说啥》视频截图（2）

百度根据大数据发现，在日常生活中，年轻人一直活跃在互联网前沿，他们知道热词、新鲜事，也愿意在网络中与自己的朋友畅谈，但和自己的父母却无话可谈，不愿意与他们分享这些流行语。百度洞察到了这样的相处模式，于是在这个寓意长久长寿的节日里，喊出了父母心中的疑问。

这部广告神曲里几乎包含了 2020 年所有的网络流行语，如“PUA”“海王”“爬山”“秋天的第一杯奶茶”等，这些热词中也包含了一些被大家熟知的梗，给内容增添了一些趣味性。同时，在内容表现上加入了年轻人喜欢的“弹幕”元素，通过使同一句话反复出现与品牌进行互动，同时也产生了土味说唱（rap）的效果。

这支广告神曲在发布三天后就达到 1.2 亿的收听量，近万人讨论，成功地吸引了网友的注意力，达到了品牌宣传的目的。有别于以往，百度的这次营销在于利用热梗自带的吸引力为品牌提升话题度、关注度，同时利用“大妈文化”来博取眼球，借势重阳节进行热点营销。百度聚焦空巢老人，呼吁年轻人关爱父母，在提升了品牌形象的同时，也给用户提供了关心父母的新思路，使内容更具社会价值和现实意义。

百度这个策划案例表达了策划人什么样的态度？为什么是一次有效的策划？

知识点 10.2：广告策划人应该具备的能力

（1）洞察能力。洞察是一种思维方式，用于沟通受众和产品或品牌，洞见这种沟通中的隐秘逻辑。洞察发挥了关联产品或品牌诉求的作用，通过洞察营销逻辑点顺理成章地连接受众和产品，让受众在特定场景中自然地想到产品或品牌。这需要策划人具有敏锐的观察能力，能够准确、深入、全面地理解受众。

（2）理解能力。理解能力要求策划人对不同的广告受众有不同的理解，不流于表面的观察。所处阶层不同、受教育程度不同、经济水平不同甚至个性的不同都会对受众的价值观和消费行为造成影响。只有理解了受众，才有可能引发受众对广告的共鸣，才有可能正确地识别或评价出可行的方案。

（3）创造性思维能力。创意看似是一个点子或想法，但本质上是一项能力，是一项优化传播路径、提高传播效率的能力。在现代社会，产品同质化的趋势愈发明显，如何让品牌突破品类局限，从各品牌混战中脱颖而出，需要策划人进行创意开发，在联想中发挥创造力。

（4）审美能力。策划人要有较好的审美，能够从美的角度去审视、分析、检测与评估广告表现是否具备大众能够欣赏的美感，只有这样，策划出的广告才能符合审美规范。

（5）说服能力。广告策划要引人关注，但要让人记忆深刻还是应该做到在最短的时间内以理服人、以情动人。“射人先射马，擒贼先擒王”，这就需要找准受众的痛点，有的放矢。

（6）表现能力。善于把握创意概念，熟悉从静态到动态的各种广告表现手法，善于运用语言、文字、符号、图片、音响、色彩等多种手段。广告策划的最终目的是把品牌信息传递给受众，但没有好的表现手段很难做到。

案例与练习

阅读下面的文章，分析其中广告策划的创意技巧。

遐迩贯珍一书，每月以印三千本为额。其书皆在本港、省城、厦门、福州、宁波、上海等处遍售。间亦有深入内土、官民皆得披览。若行商租船者等，得籍此书，以表白事款，较之遍贴街帖，传闻更远，则获益良多。今于本月起，遐迩贯珍各号，将有数帙附之卷尾，以载招贴，诸君有意欲行此举者，请每月将帖带至阿理活街，英华书院之印字局，交黄亚胜手，便可照印。五十字以下，取银半员，五十字以上，每字取多一先士，一次之后，若帖再出，则取如上数之半。至所取之银，非以求利，实为助印遐迩贯珍三千本之费用而已。

咸丰四年十一月十三日　谨白

请结合当时的社会现实对此广告策划进行评价，注意与现代流行的一些策划技巧进行比较分析。

知识点 10.3：如何值得信赖

成为值得信赖的策划人需要做到以下几点：遵守约定；不轻易许诺；不接受完成不了的工作；具备充分的专业性。在工作中要自信地展现自己的人格魅力，通过流畅的交流和坚定的决心获得信赖。

但更重要的是，策划人的言行需要符合社会道德评价标准，遵法守纪，心怀大义，通过有技巧地引导受众关注各类弱势人群，让商业化的品牌推广活动也能闪耀温暖的人性光辉，从而提升品牌和策划机构的形象。广告策划虽然以商业性为主，但也要适度考虑公益性主题，当受众对商业广告产生审美疲劳时，公益性的诉求更能打动受众，通过晕轮效应连带让受众对品牌也产生积极的看法。

★ 补充知识点：广告策划人应具备的素养

（1）政治素养。关注时事，了解国情，知晓国家方针政策的变化。

（2）经济素养。了解国内经济形势和发展水平，关注经济政策调整。

（3）社会文化素养。具备正确的价值观，了解客户所在区域的风俗习惯，尊重客户的宗教信仰，包容多元文化，有较高的道德修养，遵纪守法。

（4）科技素养。具备一定的自然科学知识，积极接纳新技术，有兼收并蓄的态度。

案例与练习

用可口可乐瓶盖打电话

每年都有数以万计的东南亚劳工前往迪拜打工，他们背井离乡，为了挣更多的钱让家人过上更好的生活，或者让孩子能够接受更好的教育。身处异乡的工人们无比思念家人，昂贵的国际长途电话费却让他们望而却步，日工资 6 美元，电话费却高达每分钟 0.91 美元。为了多存点钱，他们将思念放在了心里。

关注到这个现象后，可口可乐公司的团队研发出了一个特别的电话亭，它不需使用电话卡，而是用可口可乐的瓶盖换取通话时长（见图 10-6）。只要买一瓶可口可乐，用它的瓶盖就可以去这种电话亭换取三分钟的通话时间。这个广告策划案的口号是："快乐是每一瓶可口可乐，也是每一个打回家的电话。"

图 10-6　可口可乐创意策划活动

请对可口可乐这次的策划活动进行评价，并思考在中国可以为外出务工人员提供什么样的服务。

评价：

中国农民工的需求：

服务设计：

请注意：农村消费者的特点包括注重商品或服务的实用性；注重产品或服务的性价比；遵从地方的风俗习惯；其对产品或服务的需求类别逐步与城市趋同。

知识点 10.4：数字时代对广告策划人的要求

面对日益复杂的数字化社会，广告策划人除了需要灵活应用各种营销传播手段外，还需要了解和掌握大量的新技术，善于整合各方资源，以便在最短时间内完成作品。各种外包资源的配合和协作不再是可选项而是必选项。人工智能可以实现大部分的创意能力，如记忆力、观察力、分析判断能力，但仍无法替代人类的想象力。

案例与练习

The Social Swipe：让捐赠变得可感[1]

2014 年，德国汉堡的创意代理商 Kolle Rebbe 为米索尔基金会（成立于 1958 年的德国公益组织，致力于帮助生活在第三世界的人们摆脱贫困）策划制作了一个以 Pos 机为原型的可刷卡广告牌——The Social Swipe（见图 10-7）。

这台竖立在公共场所的互动刷卡机，其外观和普通广告牌无异，只是屏幕中间有一道可刷卡的槽，捐赠者每刷一次卡，就会切开屏幕上的一片面包或割断绑住双手的绳子，并向第三世界的贫困者捐出 2 欧元。

① 可刷卡捐款的创意宣传一体机，让善良也变得触手可及！[EB/OL].(2022-07-11) [2022-08-10]. https://baijiahao.baidu.com/s?id=1738042154505417541&wfr=spider&for=pc.

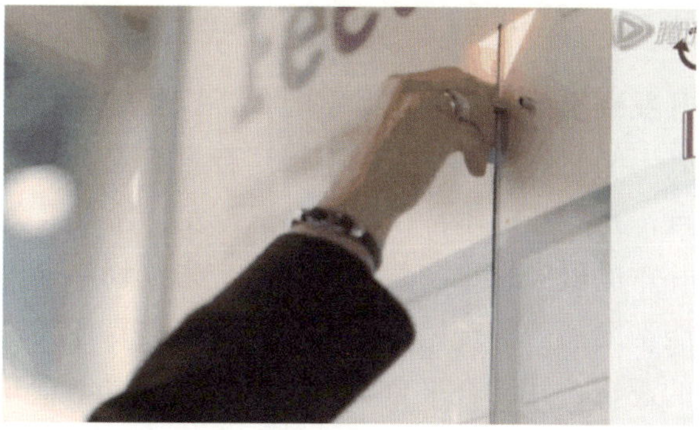

图 10-7　米索尔基金会设计的可刷卡的广告牌

米索尔基金会想通过这种直观的方式告诉人们，你所捐出的善款能够帮助第三世界贫困人民缓解饥饿或帮助一个小女孩保住童贞。传统的公益捐助流程烦琐又难以感知，人们对公益善款的用途抱有疑虑，而米索尔基金会设置的这台互动刷卡捐款机上，人们刷卡捐款后，屏幕上的绳索立刻会被割断，面包则被一只粗糙的手拿走——简单的捐赠流程和“立竿见影”的效果展示让捐款变得可感知（见图 10-8）。

图 10-8　米索尔基金会安装的互动捐款机

请结合案例对这个活动策划进行评价，并提出可能的优化方案。

评价：   优化方案：

知识点 10.5：数字营销时代广告策划人的思维转变

（1）从重创意开发到重传播效果。数字时代，广告的实际转化率才是衡量传播效果的硬指标，叫好不叫座的创意越来越不被广告主接受。只有精确选定能够触达目标消费者的接触点，并按其媒体特征进行创意开发，才有机会赢得他们的青睐。

（2）具备品效并重的电商思维。数字时代的广告策划除了要建立和优化品牌形象，更重要的是要能帮助品牌实现销售。鉴于大量的交易在线发生，广告策划人有必要了解电商运营的逻辑，并结合平台属性，从终端倒推创意开发，围绕销售做文章，提升创意的实效。

（3）学会讲故事。数字时代的广告策划要触动消费者，广告策划人必须在精准的数据洞察的基础上比消费者自己还要了解消费者，善于找到群体的关注点或痛点，从而引起消费者的共鸣、互动及转发，由此实现品牌故事的再传播。

思考与练习

请结合生成结果分析文案自动生成器“文案狗”（见图 10-9）的优点和缺点分别是什么，并指出如何借用数字手段帮助策划人拓展思路。

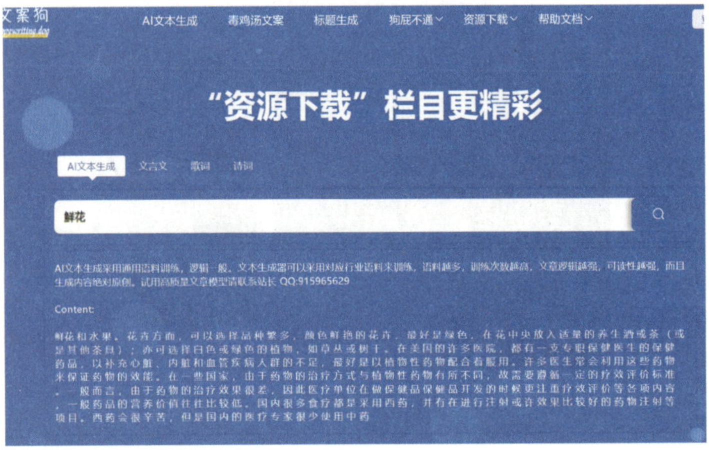

图 10-9　文案自动生成器

知识点 10.6：广告策划人的要求与大学生的机会

（1）突出能力与经验要求。广告行业对从业者的工作能力、经验有较高的要求，注重人才解决问题的实践能力。在工作经验要求方面，很多人有个常见的误区，即大学生缺乏正式工作经验，这使大学生在找工作的时候仿佛陷入了死循环。但如果不局限于有偿的正式工作的话，大学生可以通过参赛、实习、社会实践、志愿工作来获取工作经验，提升自己的实战能力。

（2）技术背景下的新能力要求。不同于传统媒体时代，在新媒体时代仅仅有基本能力是不够的。广告策划人应该是一个数据达人，有获取和分析数据的能力，同时还要拥有大数据处理、跨界协作、社交媒体运营等新能力。现在的大学生基本上是与互联网同步成长的，他们对互联网的使用更为熟练，有自己的理解和体验，这使他们在某些案例操作上有更独到的见解。

（3）一专多能成为基本要求。跨界成为当前的主流趋势，从跨学科、跨专业、跨文化到跨媒体，跨界人才必将成为未来广告策划人的需求趋势。新一代的大学生通常接受了较为严格的课内外培训，眼界较为开阔，通常也有机会培养自己独立的兴趣爱好，这使他们更有可能将自己的兴趣变为符合职业要求的技能点。

（4）国际化视野下的共情。移动互联网的全球应用使得全世界的年轻人拥有了一些共同的爱好，如自拍、分享、线上社交等。与互联网同步成长的新一代大学生更了解新生代消费者，也更能与之共情，更有可能找到触动新生代消费者的情感密码。

案例与练习

蚂蚁森林五周年，选择给大家“种草”绿色生活方式

蚂蚁森林在品牌成立五周年之际，联合了 20 余家品牌，秉持环保理念，发布了一系列广告。如与喜茶联合发布的广告“喜欢用自己的杯子喝茶”（见图 10-10），与哈啰单车联合发布的广告“哈哈哈哈骑单车上班啰”（见图 10-11）等。

图 10-10　蚂蚁森林联合喜茶发布的广告

图 10-11　哈啰单车联合喜茶发布的广告

蚂蚁森林不仅将自身的发展理念融入广告中，还建立了与其他品牌的合作纽带。这类广告多以“藏头诗”的形式出现，既融入品牌名字，还呼吁大家绿色生活。广告还被投放到了北京、上海等地的地铁站（见图 10-12）。蚂蚁森林很好地把握了广告的文化属性，因为广告传播作为一种社会现象，其本身蕴含了品牌的某种观念或文化价值。利用此类广告，蚂蚁森林含蓄地让受众接受了具有环保意义的“绿色生活方式”的生活观。同时，投放在地铁站的广告会自然而然地出现在受众面前，缩短了与受众的距离，更具亲切感。

图 10-12　蚂蚁森林的地铁广告

请从大学生的生活实际出发，思考应以怎样的方式鼓励大学生选择绿色生活方式？在下框中填写三个可能的思路和品牌组合。

1.
2.
3.

任务二

校外实训

实训任务：参加业界公司举办的创新创业工作坊。

实训公司规模要求

从制造型企业到服务型企业，现在大型企业集团大都单设了风投部门以保证营收的多样化。对优秀的大学生创新创业项目进行孵化，从投资回报率来看十分喜人，因此各公司都乐于为大学生举办创新创业工作坊，以寻找好项目。根据此标准，对实训公司的选择应以有固定的办公地址，注册资本 1 000 万元以上，从业人员 300 人以上，业务体系完整的综合型集团公司为宜。

实训案例

"东京体育科技"项目孵化初创企业

全球体育赛事聚焦日本和东京

近几年，有多个世界性的重大体育赛事在日本召开，包括 2019 年橄榄球世界杯，2020 年东京奥运会，2021 年世界大师运动会，2021 年世界游泳锦标赛等。而在日本政府 2016 年修订的《日本复兴战略》中，体育产业被列为重点发展产业，并且预测日本国内市场规模将由 2015 年的 5.5 万亿日元迅速增长至 2025 年的 15 万亿日元（约 1 400 亿美元）。在此背景下，总部位于东京的电通公司（DENTSU）和美国 Scrum Ventures 联合创设了名为"东京体育科技"（Sports Tech Tokyo）的项目，对全球范围内的体育科技类公司进行孵化，为期一年。

东京欲成为全球体育科技高地

该项目希望在日本打造全球体育科技高地，引领全球的体育科技发展，主要以四大方式为初创企业提供帮助：一是匹配合适的导师或顾问；二是协助寻找合作企业和资金；三是提供技术验证的机会；四是以东京和旧金山为据点，打造事业共享社区。项目主要关注三大方向：运动、观赛和辅助运动。例如，一台能够和教练实时视频交流并接受运动指导的跑步机；通过在赛场内设置超高清摄像机，提供 360° 无死角赛事转播服务；无须门票即可入场的生物认证技术；等等。

"东京体育科技"集合了相当多的科技、体育和创业资源，主要体现在两大特色上：一是豪华的导师、顾问阵容。共有 100 名来自各个国家、各个领域的专家加入项目，为初创企业提供建议和帮助。二是技术演示通过后，即可进入实证实验环节。项目和运动队、体育协会等机构开展合作，让初创企业有机会在比赛以及运动场馆中对自己的技术展开验证，从而真正地让初创企业得到走向市场的机会。通过这一项目孵化出的体育科技类企业，结合 2020 年东京奥运会，有望使得东京在体育科技领域的全球竞争中占得先机。

实训理由

从上述案例可知，即使是像电通这样的广告集团公司也开始进行项目孵化，这样的趋势必然还将持续相当长的时间，实训的可持续性可以得到保证。所有创新创业项目的关键都是创造性的思路，而这也是广告策划人应该具备的特质。通过这样的训练，即使学生以后不从事广告策划，有了基本的创新思维对其他工作的开展也有极大益处。

实训任务流程

（1）到达工作坊，自由参观（10 分钟）。

（2）由业界导师介绍工作坊的运作流程，宣讲成功的孵化案例（30 分钟）。

（3）提问环节，同学们与业界导师和孵化项目相关人员互动（30 分钟）。

（4）导师指导，对小组提出的创新想法进行评价和优化（50 分钟）。

实训要求

（1）积极参与，不得无故缺席。

（2）做好课前预习，独立思考，准备好自己的问题。

（3）做好笔记，积极互动，勇于提问。

（4）提交校外实训小结。

实训操作流程

（1）实训前准备：小组成员访问各大大学生创新创业平台，在阅读往届成功案例的基础上展开小组讨论，结合小组成员各自擅长和关注的领域，提出三个以上的创新创业思路，并记录在下面的方框中。

参考平台：国家级大学生创新创业训练计划平台（http://gjcxcy.bjtu.edu.cn/Index.aspx）、全国大学生创业服务网（https://cy.ncss.cn/）和三创赛（http://www.3chuang.net/）。

思路 1：

思路 2：

思路 3：

（2）在下面的空白处填写对孵化项目好奇或存疑的地方，通过参观来解惑。

（3）记录对宣讲项目的认知和体会，总结创新创业的基本思路。

（4）结合业界导师的指导，对小组的创新创业思路进行修改。

思路 1：
思路 2：
思路 3：

（5）创新创业项目的成功需要主持者对行业和竞争问题有快速认知，对消费者有深度洞察，对解决方案有创意性发现，能在短时间内发现核心问题，在特定市场内有较丰富经验，具备专业的传播能力。结合参观的互动体验不难发现创新创业项目与广告策划的工作有许多相似之处，请在下框中记录实训小结，思考如何更为有效地提升广告策划人的创新能力。

任务三 课后练习

网络辅助学习

1. 个人数字网红可视化练习

查看通话记录中最近通过电话的 10 个人、朋友圈中最近留言的 10 个人、今天之内最早联系的 10 个人、最近有过邮件交流的 10 个人……看看这些人之间的关联，在下框中用图表的形式进行展示。

2. 个人媒体与文化消费跟踪练习

请在下表中记录下 24 小时内的文化消费。

1	
2	
3	
4	
5	
6	

小组练习

选取你感兴趣的三种事物，用图片或手绘、音乐、文字、视频等形式展现它们独一无二的特点。与团队成员相互交流，互相拓展视野，并在下表中列出事物简介。

1	
2	
3	

拓展阅读与练习

案例 1：为品牌观夏设计几个推广思路

有香味的空气，就好像有旋律的声音一样，带来的不仅是一段唯美的感官体验，还能通过对意境与氛围的营造，激发人脑中各样美好联想。

用文字捕捉气味带来的感动，是香氛文案需要达成的写作目标：它要有诗意，能精准地描述气味所延展出的意境与情绪，还要留出一定的空白，让读者自行增添新的意涵。

优质的香薰文案，是美的：读起来很好闻，细品则能打开时空大门，带你去遥远的山川、湖泊，达成一场灵修之旅，唤醒你对这股新香的欲望。

2019 年，国民香薰品牌“观夏”（见图 10-13）横空出世，如今已被诸多 KOL 和明星在社交媒体上分享。品牌主推的香薰晶石系列，将五颜六色的通透晶石放在玻璃器皿里，滴几滴精油，芬芳之气立刻扩散开来。不论是闻，还是看，都非常具有艺术感。而品牌给各类产品取的名字也充满诗意与文艺范儿：昆仑煮雪、书院莲池、窗台上的莫吉托、黑檀与猫……通过文字将人们指引到一种氛围中，而氛围，就是观夏各款香味的代码。

图 10-13　香氛品牌观夏

推广思路一	
推广思路二	
推广思路三	

案例 2：云鲸暖心短片《家的距离》：用心讲陪伴[①]

云鲸扫拖机器人开售两年间已经进入 50 万以上用户的家庭。云鲸在试图改变人们的生活，而人们的生活也似乎真的潜移默化地被改变着。客户给了我们一个数据—现有的云鲸 J1 用户中，有 50% ～ 60% 的人每天使用它，云鲸可以说已经成为这些人生活中不可或缺的存在和依赖。用客户的话说，这是一种用了就回不去的“爽感”。所以在云鲸新品 J2 即将上市之际，云鲸希望拍一部真实、温暖的品牌片

① 云鲸暖心短片《家的距离》：用心讲陪伴 [EB/OL].(2020-09-24) [2022-05-22]. https://www.digitaling.com/projects/181096.html.

（见图 10-14），去讲讲云鲸为这 50 万 + 用户的生活所带来的润物细无声的改变。云鲸的目的也很简单，一是对老用户的回馈，希望老用户看完片子能产生一点共鸣；二是希望新用户看了能产生认同。云鲸希望借此和消费者进行沟通，升华品牌。

在产品层面上，扫拖机器人对人来说，无非就是一个工具。如何赋予一个工具温度，一起去讲好用户的真实故事，是该品牌片需要思考的问题。从用户素材中我们发现，对许多用户来说，云鲸有时不仅仅是工具。对于独居者来说，它是一个类似于突然在某个瞬间给你安慰的宠物的存在；对于有小孩和宠物的家庭来说，小孩和宠物天生对会动的东西感兴趣，因而它也是小家伙们的玩伴；对于身处异乡或不常回家的年轻人来说，它是一份礼物，也是向老去的父母表达无言的爱和关心的途径。当然对大部分的人来说，它是一个沉默的陪伴者，它默默工作，释放时间，减少琐事对人们的打扰，让人们有更多的时间去做自己想做的事。

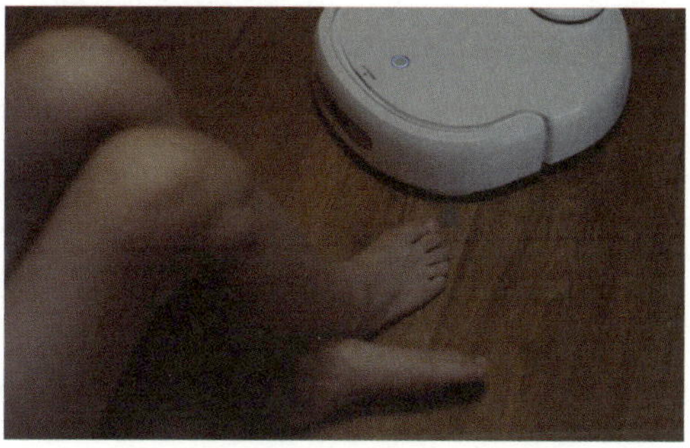

图 10-14　云鲸品牌片截图

如果要讲产品的“陪伴”，怎么讲才好？有太多的产品讲陪伴，这实在是一个老生常谈的话题，但也是个足够真情实感就能触动人的话题。客户希望品牌片的故事都来源于真实用户，因为大家坚信真实的故事才能打动真实的用户。于是我们基于搜集到的素材展开联想和思考，对于这群用户来说，“陪伴”是什么？

云鲸用户大部分是中产阶级，作为家居产品，云鲸要讲的必然是发生在这群人家中的关于陪伴的故事。我们去观察这群人与周遭、自我的关系时，可以发现一个特点——他们大部分工作忙碌，家庭琐事繁多，常常是疲惫的，时间也不够用。对他们来说，“陪伴”是一个时常存在于家庭亲密关系中的词，却也是个时常在家中缺席的词。

人因为爱，所以想通过“陪伴”产生和培养亲密感。而现实生活中的很多时候，“陪伴”总是因为各种琐碎的原因被忽略了，家庭成员之间也因此产生了“距离”。家和距离，是一个冲突的概念。家本该是最没“距离”的地方，但现实中这些充满“距离感”的瞬间，却发生在大部分人的生活中。但这些“距离”的产生并非因为“不爱”。因为“爱”还在，所以只需一些细微的行动，就能够让这微妙的距离感消解，让爱重现。爱和陪伴，只是因为琐碎而藏起来了。

云鲸解决了一部分琐事，才让爱和陪伴重现，同时它也是一个旁观者，看着人们不再因这些琐事争吵和疏离，看着他们的距离被拉近。云鲸释放了时间，也起到了一定的拉近距离的作用，让人们能更好地去感受生活，陪伴身边人，陪伴自己。这也是品牌一直以来传达的理念，希望你能解放双手，拥有更多的时间去实现你的“自由自在，有所热爱”。

基于以上的洞察，结合我们搜集到的真实故事，我们希望在品牌片中呈现两个层面的陪伴—— 一个是配合云鲸第一视角靠近人物的画面，用代表云鲸声音的旁白娓娓道来，体现云鲸静静地在每一个家的角落观察着距离的改变，默默地陪伴着；另一个是故事中人与人之间的距离与陪伴，通过对白和画面，呈现一些关于陪伴的真实故事和瞬间。也想通过这种方式，让冰冷的科技产品产生人情的温度。

品牌片发布正值中秋节，有许多人回家，也有许多人不在家。欣慰的是，我们收获了很多新老云鲸用户关于家、用户与云鲸的温暖评论（见图 10-15）。“淡淡的情”流动在你我之间，也达到了促使用户产生行动的目的。

图 10-15　网友评论截图

请结合此案例思考品牌能采用什么样的创新手段来吸引用户的关注或促使他们做出回应。

大师分享

来自杰出广告人的忠告：享受广告的乐趣。

- 杰瑞·黛拉·费米纳：

  广告制作是人在其一生中可以享受的最大乐趣。

  将自己融入生活中，做真正的自己，品读人生。

  享受当今文化，欣赏他人杰作，珍惜生活的点点滴滴。

  学会享受生活，毕竟，广告是生活的艺术。

- 叶茂中：

  要让自己成为专家，不仅是广告行业的专家，还必须是你所主管的客户的那个行业的专家。只有让自己成为专家，才能在这个行业立足。

  广告人不是艺术家。艺术家之间没有超越，只有区别；而广告人却只视能扩大产品销售、增加市场份额为衡量广告运动成功的唯一标准。

  做广告人，永远是悬在半空中的感觉，令人绝望。追求完美，对完美的挑剔是这个行业最好的品质。

- 乔治·葛里宾：

  广告的根本是文字的力量。

- 乔治·路易斯：

  广告是艺术而非科学。

  大胆创意，摆脱惯例的束缚。

  创意从文字入手。

  广告创作的元素是幽默和性。

- 吉田秀雄：

  必须主动去寻找工作，不应该被指派后才去做，要有主动性。

  工作应该抢先积极去做，不应消极被动，那不是广告人所为。

  积极从事大的工作，小的工作只会限制你的眼界。

  目标应该放在困难的工作上，完成困难的工作更能进步。

  一旦开始工作就不能放弃，要有不达目的决不罢休的工作态度。

  争取主动，主动和被动之间天差地别，经过长期考验后结果迥然不同。

  立下长期计划才会有忍耐力，才会下工夫向正确方向坚持努力。

  信任自己。自信的人有魄力，更加坚持不懈，也更稳重。

  时刻动脑观察和思考，注意四面八方，服务不容一丝空隙。

  不怕挫折，挫折是进步之因，是推动力的源泉。

- 萨奇兄弟：

  世上无事不可为。

  改变世界的创意。

只有客户成功，我们才能成功。

……

每一个人，都有可能成为大师。

请在最后，写下你想对未来的自己说的话——关于广告，关于人生，关于你自己。

相关知识链接

西等．如何成为广告策划高手[M]. 荆红艳，译．北京：北京大学出版社，2005.

日本博报堂生活综合研究所．生活者发想[M]. 杜海清，译．上海：文汇出版社，2012.

奥格威．一个广告人的自白[M]. 3版．林桦，译．北京：中信出版社，2015.

马拉沃，德高丹，等．五维传播[M]. 钟萍，孙利玲，译．北京：机械工业出版社，2015.

附录

优秀学生作品
展示及教师点评

后记

在经历了重庆的高温、山火、疫情的多重考验后，笔者终于完成了教材的编写和修订工作，从而深刻地感知到成书之不易不在于外物滋扰，而更多地在于能否静下心来做一点事情。

四川外国语大学的“广告策划”课程是教育部公布的第一批国家一流本科课程中的社会实践类课程，因此更为强调教学的实践性。整个教材的设计也不走寻常路，基本围绕实训流程展开，并给学生留下了很多发挥的空间。这不是一部标准意义上的教材，更像一本陪伴学生完成教学设计的手册。在此特别感谢中国人民大学出版社的汪渤老师和他的同事们有容乃大的精神，他们并不因该教材的非典型性而进行批评，反倒是在赞同的基础上给出了中肯的修改意见。

感谢提供作品用于案例分享的各组同学，你们的努力会被更多人看到。感谢各位同事提供了更多的写作思路，同时给予了我各种各样的支持和帮助。感谢陈英老师帮助我克服了心浮气躁的毛病。学生陈亚男、易辰秋、陶思宇参与了教材写作；郝婧雯、司雨阳、刘文历参与了教材修订。每天做一点工作，虽微而渐进；再远的路，只要启航，总能到达。

为人师者喜欢讲很多话，但年轻的学科应该留白，更多的话希望大家展卷后评点。

此为记。

宋 瑾

2022 年秋

图书在版编目（CIP）数据

广告策划实训教程：数字教材版 / 宋瑾主编；黄
陈若溪副主编 . -- 北京：中国人民大学出版社，
.7
普通高等学校应用型教材 . 新闻传播学
ISBN 978-7-300-31971-1

Ⅰ . ①广… Ⅱ . ①宋… ②黄… ③陈… Ⅲ . ①广告—
—高等学校—教材 Ⅳ . ① F713.81

中国国家版本馆 CIP 数据核字（2023）第 137745 号

高等学校应用型教材 · 新闻传播学
策划实训教程（数字教材版）
编　宋　瑾
编　黄　蜜　陈若溪
ggao Cehua Shixun Jiaocheng

发行　中国人民大学出版社
址　北京中关村大街 31 号　　邮政编码　100080
话　010 – 62511242（总编室）　　010 – 62511770（质管部）
010 – 82501766（邮购部）　　010 – 62514148（门市部）
010 – 62515195（发行公司）　　010 – 62515275（盗版举报）
址　http://www.crup.com.cn
销　新华书店
刷　中煤（北京）印务有限公司
本　787 mm × 1092 mm　1/16　　版　次　2023 年 7 月第 1 版
张　13.5 插页 1　　印　次　2023 年 7 月第 1 次印刷
数　277 000　　定　价　69.80 元

版权所有　侵权必究　　印装差错　负责调换

关联课程教材推荐

书号	书名	第一作者	定价（元）	出书时间
978-7-300-29101-7	视听新闻报道	周　勇	65.00	2021-03
978-7-300-27888-9	出镜报道（第二版）	张　超	49.80	2020-02
978-7-300-26878-1	广播电视新闻业务	常　昕	49.80	2019-05
978-7-300-19014-3	广播电视概论	周小普	39.80	2014-05
978-7-300-17836-3	广播新闻	成文胜	42.00	2013-08
978-7-300-18903-1	电视新闻	于忠广	29.80	2015-01
978-7-300-25925-3	电视采访学（第三版）	雷蔚真	39.80	2018-07
978-7-300-21066-7	节目主持人教程（第二版）	廖声武	32.00	2015-05
978-7-300-30669-8	视听新闻实务（数字教材版）	郭子辉	59.80	2022-07
978-7-300-31824-0	新媒体视听节目制作（数字教材版）	谢　杰	39.90	2023-06

配套教学资源支持

尊敬的老师：

衷心感谢您选择使用人大版教材！

相关的配套教学资源，请到人大出版社网站（www.crup.com.cn）下载，或是随时与我们联系，我们将向您免费提供。

欢迎您随时反馈教材使用过程中的疑问、修订建议并提供您个人制作的课件。您的课件一经采用，我们将署名并付费。让我们与教材共成长！

联系人信息：

地址：北京海淀区中关村大街31号206室　龚洪训　收　　邮编：100080

电子邮件：gonghx@crup.com.cn　　电话：010－62515637　QQ：6130616

如有相关教材的选题计划，也欢迎您与我们联系，我们将竭诚为您服务！

选题联系人：	电子邮件：	电话：
翟江虹	zhaijh@crup.com.cn	010－62515636

俯仰天地　心系人文

人大社网站　www.crup.com.cn

专业教师QQ群：259226416（全国新闻教师群）

欢迎您登录人大社网站浏览，了解图书信息，共享教学资源

期待您加入专业教师QQ群，开展学术讨论，交流教学心得